U0477743

见识城邦

更新知识地图　拓展认知边界

BIG HISTORY
万物大历史

国家和城市发展的原动力是什么

[韩]刘银圭 [韩]李春山 著　[韩]崔润善 绘　韩晓 古栋 译

中信出版集团|北京

图书在版编目（CIP）数据

国家和城市发展的原动力是什么 /（韩）刘银圭，（韩）李春山著；（韩）崔润善绘；韩晓，古栋译. -- 北京：中信出版社，2022.8
（万物大历史）
ISBN 978-7-5217-4380-7

Ⅰ. ①国… Ⅱ. ①刘… ②李… ③崔… ④韩… ⑤古… Ⅲ. ①国家理论－青少年读物②城市学－青少年读物 Ⅳ. ① D03-49 ② C912.81-49

中国版本图书馆 CIP 数据核字（2022）第 079448 号

Big History vol.13
Written by Eunkyu YOO, Chunsan LEE
Cartooned by Yoonsun CHOI
Copyright © Why School Publishing Co., Ltd.- Korea
Originally published as "Big History vol. 13" by Why School Publishing Co., Ltd., Republic of Korea 2015
Simplified Chinese Character translation copyright © 2022 by CITIC Press Corporation
Simplified Chinese Character edition is published by arrangement with Why School Publishing Co., Ltd. through Linking-Asia International Inc.
All rights reserved.
本书仅限中国大陆地区发行销售

国家和城市发展的原动力是什么
著者：[韩] 刘银圭　[韩] 李春山
绘者：[韩] 崔润善
译者：韩晓　古栋
出版发行：中信出版集团股份有限公司
（北京市朝阳区惠新东街甲 4 号富盛大厦 2 座　邮编　100029）
承印者：　天津丰富彩艺印刷有限公司

开本：880mm×1230mm　1/32　　印张：6.75　　字数：128 千字
版次：2022 年 8 月第 1 版　　　　　印次：2022 年 8 月第 1 次印刷
京权图字：01-2021-3959　　　　　　书号：ISBN 978-7-5217-4380-7
定价：58.00 元

版权所有·侵权必究
如有印刷、装订问题，本公司负责调换。
服务热线：400-600-8099
投稿邮箱：author@citicpub.com

大历史是什么？

　　为了制作"探索地球报告书"，具有理性能力的来自织女星的生命体组成了地球勘探队。第一天开始议论纷纷。有的主张要了解宇宙大爆炸后，地球是从什么时候、怎样开始形成的；有的主张要了解地球的形成过程，就要追溯至太阳系的出现；有的主张恒星的诞生和元素的生成在先，所以先着手研究这个问题。

　　在探索过程中，勘探家对地球上存在的多样生命体的历史产生了兴趣。于是，为了弄清楚地球是在什么时候开始出现生命的，并说明生命体的多样性和复杂性，他们致力于研究进化机制的作用过程。在研究过程中，他们展开了关于"谁才是地球的代表"的争论。有人认为存在时间最长、个体数最多、最广为人知的"细菌"应为地球的代表；有人认为亲属关系最为复杂的白蚁才是；也有人认为拥有最强支配能力的智人才是地球的代表。最终在细菌与人类的角逐战中，人类以微弱的优势胜出。

　　现在需要写出人类成为地球代表的理由。地球勘探队决定要对人类怎样起源、怎样延续、未来将去往何处进行调查和研究，找出人类的成就以及影响人类的因素是什么，包括农耕、城市、帝国、全球网络、气候、人口增减、科学技术和工业革命等。那么，大家肯定会好奇：农耕文化是怎样促使人类的生活产生变化的？世界是怎样连接的？工业革命是怎样改变人类历史的？……

地球勘探队从三个方面制成勘探报告书，包括："从宇宙大爆炸到地球诞生"、"从生命的产生到人类的起源"和"人类文明"。其内容涉及天文学、物理学、化学、地质学、生物学、历史学、人类学和地理学等，把涉及的知识融会贯通，最终形成"探索地球报告书"。

好了，最后到了决定报告书标题的时间了。历尽千辛万苦后，勘探队将报告书取名为《万物大历史》。

外来生命体？地球勘探队？本书将从外来生命体的视角出发，重构"大历史"的过程。如果从外来生命体的视角来看地球，我们会好奇地球是怎样产生生命的，生命体的繁殖系统是怎样出现的，以及气候给人类粮食生产带来了哪些影响。我们不禁要问："6 500万年前，如果陨石没有落在地球上，地球上的生命体如今会怎样进化？""如果宇宙大爆炸以其他细微的方式进行，宇宙会变成什么样子？"在寻找答案的过程中，大历史产生了。事实上，通过区分不同领域的各种信息，融合相关知识，并通过"大历史",我们找到了我们想要回答的"宇宙大问题"。

大历史是所有事物的历史,但它并不探究所有事物。在大历史中,所有事物都身处始于137亿年前并一直持续到今天的时光轨道上,都经历了10个转折点。它们分别是137亿年前宇宙诞生、135亿年前恒星诞生和复杂化学元素生成、46亿年前太阳系和地球生成、38亿年前生命诞生、15亿年前性的起源、20万年前智人出现、1万年前农耕开始、500多年前全球网络出现、200多年前工业化开始。转折点对宇宙、地球、生命、人类以及文明的开始提出了有趣的问题。探究这些问题,我们将会与世界上最宏大的故事相遇,宇宙大历史就是宇宙大故事。

因此,大历史不仅仅是历史,也不属于历史学的某个领域。它通过开动人类的智慧去理解人类的过去和现在,它是应对未来的融合性思考方式的产物。想要综合地了解宇宙、生命和人类文明的历史,就必然涉及人文与自然,因此将此系列丛书简单地划分为文科和理科是毫无意义的。

但是,认为大历史是人文和科学杂乱拼凑而成的观点也是错误的。我们想描绘如此巨大的图画,是为了获得一种洞察力,以便贯穿宇宙从开始到现代社会的巨大历史。其洞察中的一部分发现正是在大历史的转折点处,常出现多样性、宽容开放、相互关联性以及信息积累的爆炸式增长。读者不仅能通过这一系列丛书，在各本书也能获得这些深刻见解。

阅读和学习"万物大历史"系列丛书会有什么不同呢？当然是会获得关于宇宙、生命和人类文明的新奇的知识。此系列丛书不是百科全书，但它包含了许多故事。当这些故事以经纬线把人文和科学编织在一起时，大历史就成了宇宙大故事，同时也为我们提供了一个观察世界、理解世界的框架。尽管想要形成与来自织女星的生命体相同的视角可能有点困难，但就像登上山顶俯瞰世界时所看到的巨大远景一样，站得高才能看得远。

但是，此系列丛书向往的最高水平的教育是"态度的转变"，因为通过大历史，我们最终想知道的是"我们将怎样生活"。改变生活态度比知识的积累、观念的获得更加困难。我们期待读者能够通过"万物大历史"系列丛书回顾和反省自己的生活态度。

大历史是备受世界关注的智力潮流。微软的创始人比尔·盖茨在几年前偶然接触到了大历史，并在学习人类史和宇宙史的过程中对其深深着迷，之后开始大力投资大历史的免费在线教育。实际上，他在自己成立的BGC3（Bill Gates Catalyst 3）公司将大历史作为正式项目，之后还与大历史企划者之一赵智雄的地球史研究所签订了谅解备忘录。在以大卫·克里斯蒂安为首的大历史开拓者和比尔·盖茨等后来人的努力下，从 2012 年开始，美国和澳大利亚的 70 多所高中进行了大历史试点项目，韩国的一些初、高中也开始尝试大历史教学。比尔·盖茨还建议"青少年应尽早学习大历史"。

经过几年不懈努力写成的"万物大历史"系列丛书在这样的潮流中，成为全世界最早的大历史系列作品，因而很有意义。就像比尔·盖茨所说的那样，"如今的韩国摆脱了追随者的地位，迈入了引领国行列"，我们希望此系列丛书不仅在韩国，也能在全世界引领大历史教育。

李明贤　　赵智雄　　张大益

祝贺"万物大历史"系列丛书诞生

大历史是保持人类悠久历史,把握全宇宙历史脉络以及接近综合教育最理想的方式。特别是对于 21 世纪接受全球化教育的一代学生来讲,它显得尤为重要。

全世界范围内最早的大历史系列丛书能在韩国出版,并且如此简洁明了,这让我感到十分高兴。我期待韩国出版的"万物大历史"系列丛书能让世界其他国家的学生与韩国学生一起开心地学习。

"万物大历史"系列丛书由 20 本组成。2013 年 10 月,天文学者李明贤博士的《世界是如何开始的》、进化生物学者张大益教授的《生命进化为什么有性别之分》以及历史学者赵智雄教授的《世界是怎样被连接的》三本书首先出版,之后的书按顺序出版。在这三本书中,大家将认识到,此系列丛书探究的大历史的范围很广阔,内容也十分多样。我相信"万物大历史"系列丛书可以成为中学生学习大历史的入门读物。

大历史为理解过去提供了一种全新的方式。从 1989

年开始，我在澳大利亚悉尼的麦考瑞大学教授大历史课程。目前，在英语国家，大约有50所大学开设了大历史课程。此外，在微软创始人比尔·盖茨的热情资助下，大历史研究项目团体得以成立，为全世界的青少年提供免费的线上教材。

如今，大历史在韩国备受关注。2009年，随着赵智雄教授地球史研究所的成立，我也开始在韩国教授大历史课程。几年来，为促进大历史在韩国的传播，我们付出了许多心血，梨花女子大学讲授大历史的金书雄博士也翻译了一系列相关书籍。通过各种努力，韩国人对大历史的认识取得了飞跃式发展。

"万物大历史"系列丛书的出版将成为韩国中学以及大学里学习研究大历史体系的第一步。我坚信韩国会成为大历史研究新的中心。在此特别感谢地球史研究所的赵智雄教授和金书雄博士，感谢为促进大历史在韩国的发展起先驱作用的李明贤教授和张大益教授。最后，还要感谢"万物大历史"系列丛书的作者、设计师、编辑和出版社。

2013年10月
大历史创始人　大卫·克里斯蒂安

THE BIG HISTORY

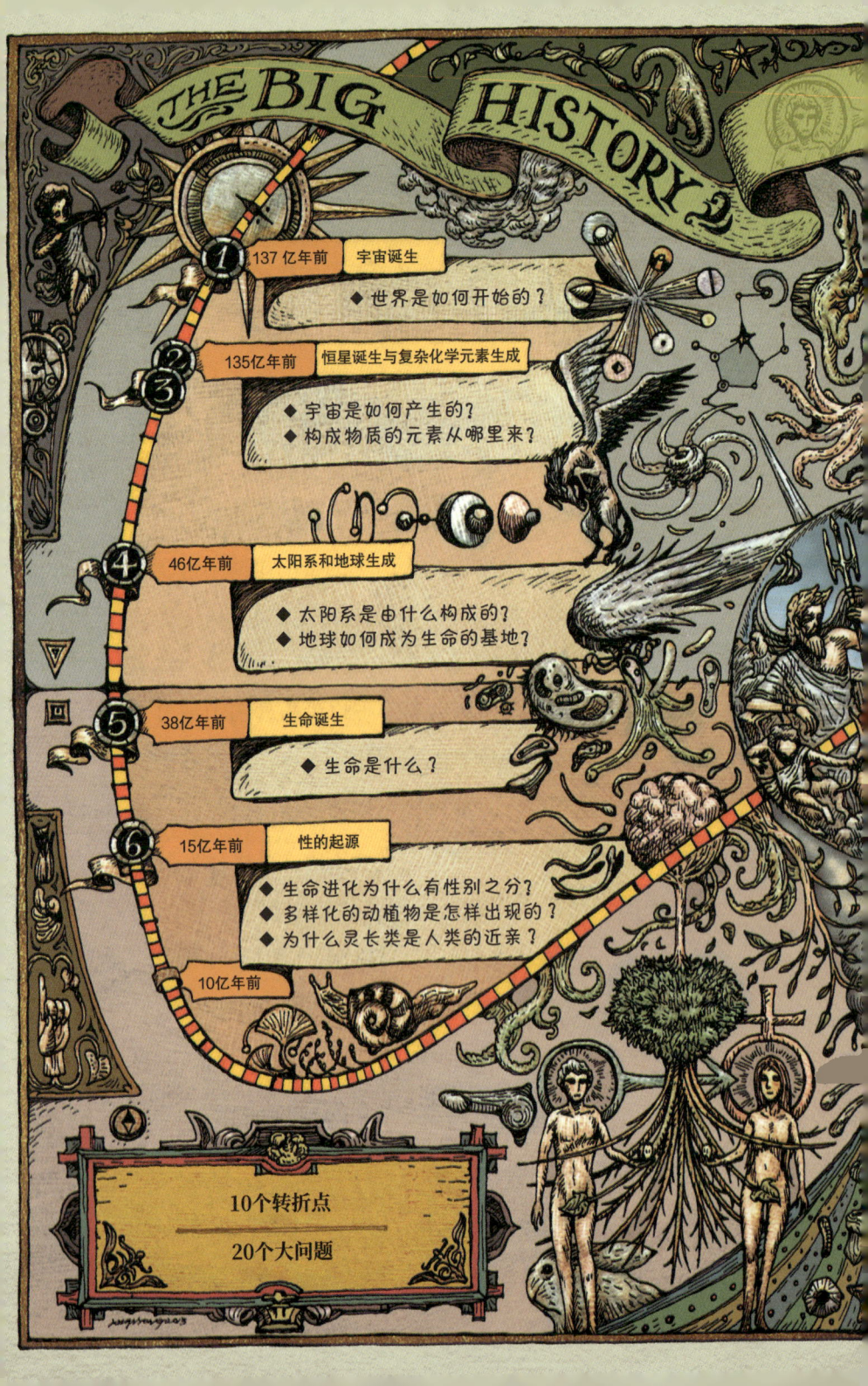

① **137亿年前** — 宇宙诞生
- ◆ 世界是如何开始的？

②③ **135亿年前** — 恒星诞生与复杂化学元素生成
- ◆ 宇宙是如何产生的？
- ◆ 构成物质的元素从哪里来？

④ **46亿年前** — 太阳系和地球生成
- ◆ 太阳系是由什么构成的？
- ◆ 地球如何成为生命的基地？

⑤ **38亿年前** — 生命诞生
- ◆ 生命是什么？

⑥ **15亿年前** — 性的起源
- ◆ 生命进化为什么有性别之分？
- ◆ 多样化的动植物是怎样出现的？
- ◆ 为什么灵长类是人类的近亲？

10亿年前

10个转折点

20个大问题

TIME-LINE

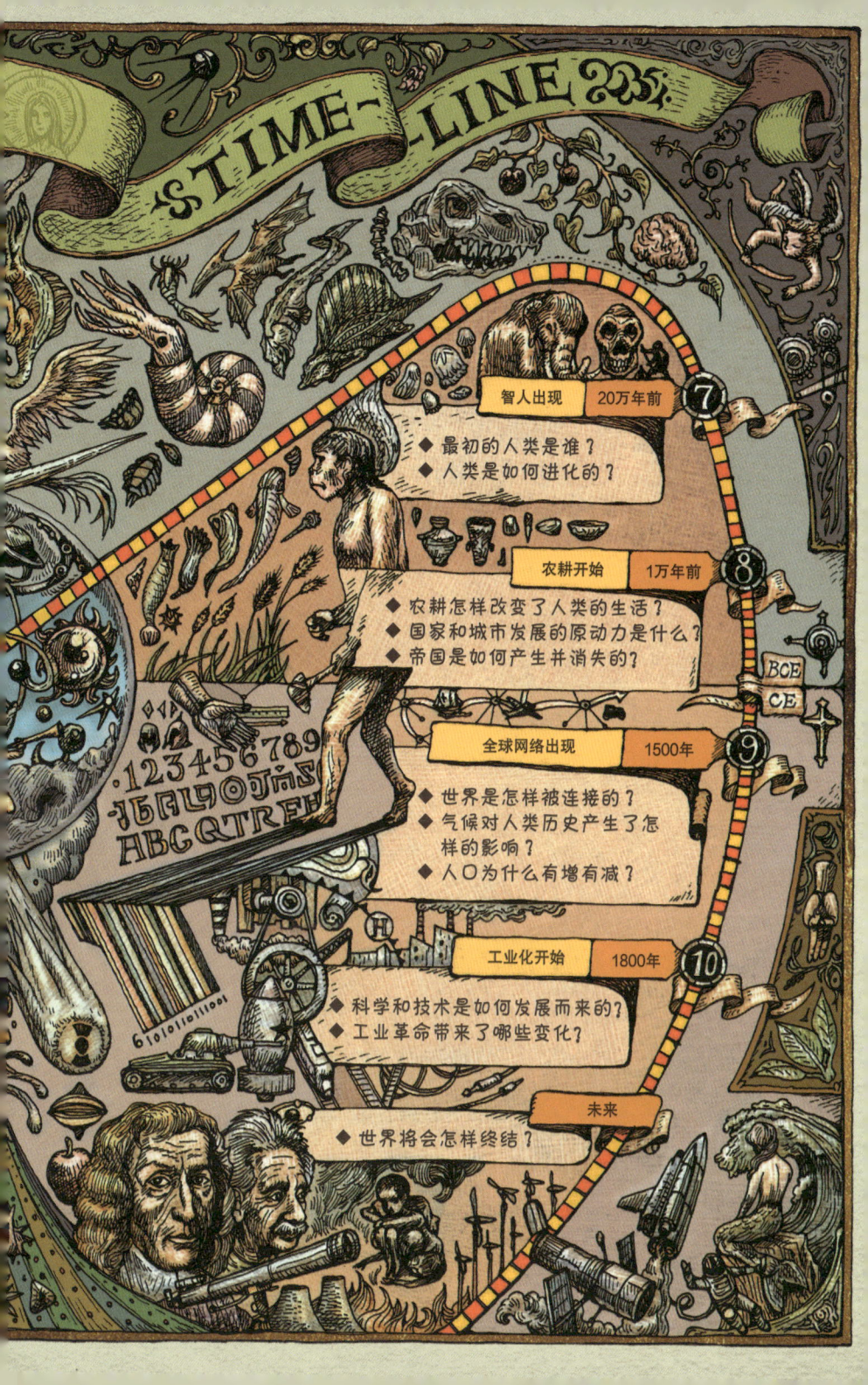

智人出现 — 20万年前 ⑦
- ◆ 最初的人类是谁？
- ◆ 人类是如何进化的？

农耕开始 — 1万年前 ⑧
- ◆ 农耕怎样改变了人类的生活？
- ◆ 国家和城市发展的原动力是什么？
- ◆ 帝国是如何产生并消失的？

全球网络出现 — 1500年 ⑨
- ◆ 世界是怎样被连接的？
- ◆ 气候对人类历史产生了怎样的影响？
- ◆ 人口为什么有增有减？

工业化开始 — 1800年 ⑩
- ◆ 科学和技术是如何发展而来的？
- ◆ 工业革命带来了哪些变化？

未来
- ◆ 世界将会怎样终结？

目录

引言　城市是怎么发展的？　1

1 城市的诞生

美索不达米亚的城市　8
神的都市　14
不平等的社会结构　19
最初的知识体系——文字与日历　26
城邦的变迁与帝国的诞生　31

拓展阅读

金字塔不是一天建成的　35
最早的巨型城市罗马　38

国家和城市发展的原动力是什么

❷ 帝国的城市

首都的诞生　　　　　43
皇帝的都市　　　　　49
宽容的城市　　　　　53
智慧的殿堂　　　　　58
首都的衰落与帝国的衰退　　62

❸ 商业城市

胡椒贸易与商业城市的发展　　69
商业城市之间的联系　　80
早期近代国家的形成　　84

15世纪在美洲崛起的
　帝国的城市　　64

14世纪欧洲最大的城市巴黎　　88
中国的商业城市开封　　92

5 工业城市

工业化与人类世的开始　　129
铁路的出现　　135
烟囱工业的发展　　142
工业城市的光与影　　150
帝国主义时代殖民城市的扩张　　15

4 贸易城市

贸易城市的形成　　95
要塞城市　　104
基督教的传播　　111
文化混杂与社会变化　　116

拓展阅读

郑和航海　　122　　　　城市与下水道　　162
麦哲伦与酋长拉普拉普　　125　　　始于明治维新的日本的工业化　　169

xii　国家和城市发展的原动力是什么

6

现代城市

什么是现代城市？ *172*

为打造绿色城市而进行的努力 *177*

对未来城市的想象 *181*

从大历史的观点看
"国家和城市" *195*

纽约市与哈勒姆 *186*

城市名片 *191*

引言

城市是
怎么发展的？

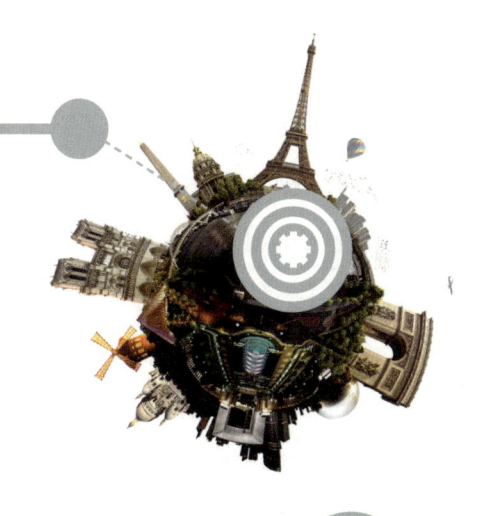

"城市里有很多好吃的，每天都有激动人心的事情！"

一只乡下老鼠听了一只城市老鼠的话，进了城。乡下老鼠第一次看到繁华的街道、高楼大厦和华丽的霓虹灯，激动得不得了，不过它很快就会知道城市是多么繁忙和危险的地方。

乡下老鼠与城市老鼠的故事很好地反映了城市的两个方面：城市非常复杂，也非常繁忙。城市里的人际关系比乡下复杂，社会和经济上的利害关系复杂地交织在一起，所以不能轻易相信任何人。尽管如此，谁也不能否认，城市是一个富裕、华丽而又魅力十足的地方。所以，很多人仍然怀着激动的心情涌入城市。

随着规模越来越大，人口越来越多，城市也变得越来越复杂。现在，全世界一半以上的人都住在城市里。那么，城市是怎么出现的，又是如何在复杂中持续发展的呢？在大历史中，城市拥有怎样的重要性呢？

城市从周围的农村吸引人和财富，形成一个复杂的空间。城市比农村的社会关系、等级秩序、组织结构更复杂。农村中还维持着一定的阶层结构，但城市却因复杂多样的阶层结构而导致贫富分化严重。在这样的情况下，维系城市存在的法律、习俗和宗教也变得更复杂和完善。

另外，城市中的知识和商品交换活动比农村更活跃。通过人类群体之间的频繁接触，知识与商品的交换活动大幅增加了人们集体学习的机会，从而实现了知识和商品的革新。这成为人类文化发展的动力。也就是说，城市是人类进行集体学习活动的枢纽。举例而言，中国的造纸术经阿拉伯的城市传播到欧洲，然后经过多次技术革新，人类终于可以用较少的劳动制造出质量更好、更结实的纸。

本书的写作目的不是带领大家一起游览那些历史名城，而是以那些成为城市发展史上重要转折点的城市为中心，分析城市所具有的模式。在写作中，也会涉及一些非常重要的时期中部分城市与国家之间的关系。

从历史发展的脉络来看，城市发展有哪几个转折点呢？首先，第一个转折点是地球上开始出现城市的时候。

公元前3500年左右，美索不达米亚地区出现了乌鲁克、乌尔等城市。早期城市是本身拥有独立主权、以城市为中心与周边农村共存的城邦。美索不达米亚地区的城邦为了共同抵御外敌，应对大自然的变化，组成了城邦联盟，然后形成了以一位统治者为首领的国家。以城市为中心形成的国家的体制比原来的城市更复杂。这里所说的城市，其实是使社会和文化变得更为复杂的跳板。

国家出现后，不断有人为征服其他国家、建立帝国而发动战争。从最早的阿卡德王国开始，人类历史上不断上演着兴亡盛衰的帝国故事。这些帝国的中心都是各自的首都。在本书中，我们会了解8世纪前后在世界各地分地而治的各帝国的首都，例如唐朝的首都长安、阿拔斯帝国的首都巴格达，还有拜占庭帝国的首都君士坦丁堡。通过对它们的说明，我们将了解帝国首都所具有的普遍性特征。

日耳曼人入侵罗马后，西欧人口锐减，城市衰落。此后几个世纪，都没有出现所谓的城市。后来，意大利通过地中海贸易，与伊斯兰国家的城市开展贸易，并逐渐形成了威尼斯和热那亚等城市。紧接着，法国和德意志的几个城市也发展起来，这些城市以商人为中心形成了商业城市。13世纪前后，西欧的一些城市陷入停滞，而此时值得注意的是，伊斯兰国家和中国发展起来的胡椒贸易，使一些商业城市迅速繁荣起来，比如，开罗等伊斯兰国家的城市因为商业的发展和知识的相互作用，促进了热那亚等意大利城市的繁荣。另外，不容忽视的一点是，此时的欧洲城市在早期近代国家的形成中也发挥了重要的作用。

15世纪，欧洲开始频繁地进军海上，欧洲帝国开始将亚洲和美洲等地的某些城市变成自己进行海外贸易的据点。为了使在贸易中获得的利益最大化，也为了让少数欧洲人定居以更有效地对当地人进行剥削，欧洲人建起了马尼拉和马六甲等城市。这些被称为"贸易城市"的城市之所以在人类历史上显得如此重要，是因为这些地区集中的人群与文化交流衍生出的影响力，至今仍然在发挥作用。

18世纪中叶，始于英国的工业革命改变了人类依靠饲养家畜、栽培农作物为主的生活方式。如果说工业革命之前的城市都是以农业为基础的话，那么，工业化则使以工厂制度为中心的机械工业体系变成了城市的基础。这一时期，城市创造财富的作用凸显，引发了人类历史上的城市化潮流。城市人口急剧增加，城市规模越来越大。工厂林立的烟囱冒出来的黑烟成为工业城市的象征。我们在本书中将考察工业城市的出现在城市历史上起到的作用。

进入20世纪之后，IT（信息技术）产业或文化休闲产业和全球化的发展，使传统的工业城市走向没落，新兴城市不断涌现。信息、商品和资本自由流动，所有城市趋向一致，城市之间展开了激烈的生存竞争；现代城市为了创造出具有自身竞争力的品牌而不断努力打造各自独特的历史环境、观光文化和购物文化。

最后，本书将从两个方面展望未来的城市。第一，数字技术及网络技术的发展，可以使我们对未来可能出现的智慧城市产生各种想象。第二，从能源和环境问题出发进行思考的话，可以发现全球变暖导致的大规模自然灾害可能会给未来的城市蒙上一层阴影。为了解决能源枯竭和环境污染问题，必须建设生态友好型城市。为了应对严重的环境问题，人们想象了海底城市，这一想象将来有一天也许会实现。

城市是宗教、政治、商业、工业和文化的中心，它不断吸收周边的资源和财富，并逐步发展。从古到今，农村的生活没有发生太大的变化，而城市生活却随着时代的变化而更为复杂多样。城市里比较安全，有出人头地和致富的机会，有自由和节假日，有各种各样的职业，还有学术研究和文化生活。今天，还有人为了获得生活的闲暇，实现生活的价值而不断涌入城市。在城市里，各种各样的人之间有着千丝万缕的关系。为了满足生活在城市中的人的需求，城市不断发展。

1 城市的诞生

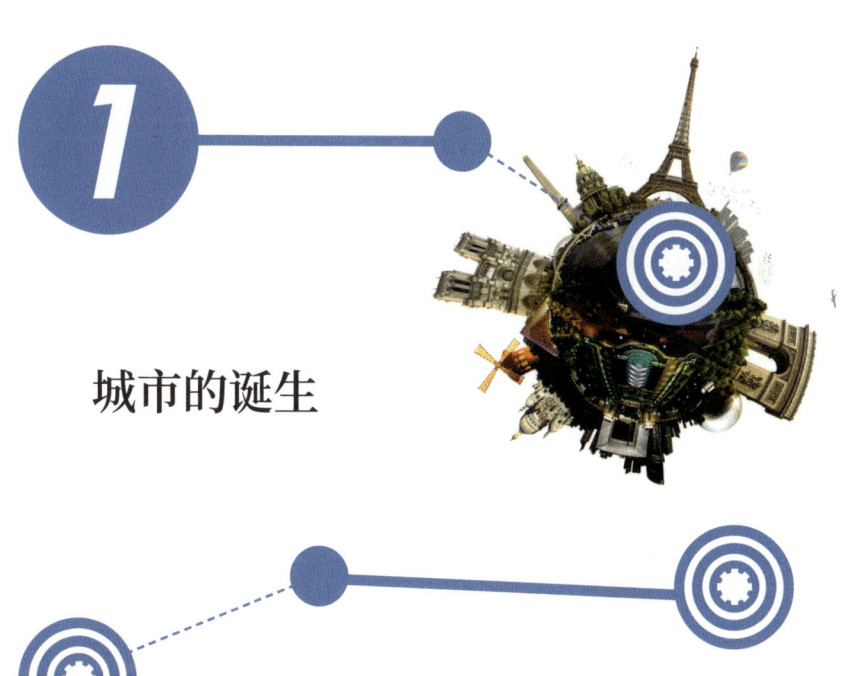

历史学家大卫·克里斯蒂安将地球上城市的产生比喻为宇宙空间中恒星的出现。在早期宇宙中，散落在各处的星云受重力影响相互吸引，聚在一起形成恒星。这些恒星如同君主，牵引着其周边一定空间内的其他物体，对周围空间起到支配作用。散落着无数农村的地球上城市的出现就与此相似。

随着农村内部的社会和经济关系逐渐变得更加复杂，共同体之间的交流变得更加频繁，出现了新的复杂空间，那就是城市。城市在一定范围内对周边地区产生影响，成为它所在空间的中心。最初，城市起源于负责祭祀的神圣区域，后来逐渐吸引周边农村的资源，并为农村提供了活力。这种运行模式就像太阳系中的太阳吸引一些行星并为其提供能量一样。

美索不达米亚的城市

1849年，英国考古学家洛夫特斯在伊拉克南部地区挖掘遗迹时，发现了约2米高的巨型城墙的痕迹。后来，人们还在这里发现了巨型神殿——金字塔的地基。废墟中还出土了楔形文字，这些信息使人们逐渐了解了美索不达米亚的城市乌鲁克的政治和社会。

金字塔
在美索不达米亚地区古城遗址中发掘出的建筑物，是用砖砌成的巨大神殿。

公元前3500年，乌鲁克建造了长9.5千米的双层圆形城墙，该空间中生活着3万～5万人。从人口构成、职业、人际关系来看，这里呈现出与周边的农村不同的复杂性和多样性。从此，地球上第一次出现了"城

美索不达米亚地区的城市分布
美索不达米亚指的是位于底格里斯河与幼发拉底河之间的地势低洼、肥沃的土地。该地区是人类最早开始农业生产的地区之一。这里形成了乌鲁克等最早的城市。

市"这一空间。

也许是受乌鲁克的影响,乌鲁克的周边产生了乌尔、拉伽什等十余座城市。

世界上最早的城市出现在底格里斯河与幼发拉底河下游的美索不达米亚地区。在有"新月沃地"之称的东部边缘地区,苏美尔人在公元前5000年左右开始了农耕生活。当时,该地区并不适合很多人以农业为生。大河每年泛滥,时常有发洪水的危险,由于平原地处河的下游,因此当地有很多湿地,并不适宜人类居住,加之夏天非常干燥,也不适合农耕。

那么,什么是该地区最早出现城市的原因呢?什么是适宜城市出现的"金发姑娘条件"呢?为了实现城市的发展,需要有大量人口聚集在一定的场所,还需要有能够维持这些人生存的充足粮食。在城市生活的很多人与粮食生产没有关系,只有以充足的农业生产力做支撑,确保包括不从事农业的人口在内的居民生存的粮食,才能形成城市。公元前3500年左右,美索不

金发姑娘条件

该用语来源于《金发姑娘与三只熊》的故事,意思是既不多也不少的合适条件。例如,地球到太阳的距离既不近也不远,正好适合生命体的诞生与生存。金发姑娘条件就是这个意思。

1 城市的诞生 9

达米亚地区的城市具备了这样的条件。

公元前4000年左右,美索不达米亚地区的气候开始逐渐变得干燥。非洲撒哈拉一带也大约从该时期开始由草原变成沙漠。气候的变化使广泛分布于新月沃地的农村中的一部分人开始聚集到水源丰富的江河下游地区。江河下游地区原本潮湿多水,不适合农耕或居住,但由于气候变得干燥,湿地干涸,从而产生了新的耕地和适宜居住的地方。

在年降水量少于100毫米的非常干燥的土地上种植农作物时,需要引河水进行灌溉,这不仅需要修建防洪堤坝,还需要有储水的水库,有往农田里引水或从湿地里抽

早期城市的灌溉工程

古埃及的早期城市为了最有效地利用尼罗河的定期泛滥,修建了大规模的灌溉工程。与美索不达米亚一样,位于干燥平原的印度河流域的哈拉帕与摩亨佐-达罗等城市也通过修建大坝,引水灌溉。相传,中国夏朝的禹为了疏通淤积的黄河水道,将山劈开。在美洲的早期城市中规模最大的特奥蒂瓦坎,人们在随着季节变化而泛滥的河流上游溪谷中进行农耕,在下游则沿着圣胡安河修建运河,并建设灌溉设施。繁荣于尤卡坦半岛潮湿低地的玛雅城的耕地垫高了约90厘米,当地人还修建运河和排水道来进行农耕。

水的水渠，以及水闸等协助供水的设施。只要能够顺利进行灌溉，就可以向周边多个共同体提供充足的粮食。因此，早期城市出现在能够进行灌溉的大河流域。

那么，为什么最早的城市出现在气候干燥的亚热带地区呢？当然，在东南亚热带地区也有种植热带作物的农村。该地区种植的热带根茎类作物，只要割掉根茎的顶

1 城市的诞生　11

端，再将其插入土里，植物就可以生长和繁殖，产量也会增加。此外，在岛屿和沿海地区，还可以利用木筏或船只捕鱼。由此可以推测该地区的生产率高于美索不达米亚等气候干燥的地区。

热带地区的农民因为有适合农耕的气候，不需要专门收获或储存粮食，而是直接在耕地上收获、储存。但亚热带地区的农民只能在一定时期内种植、收获，还必须把剩余的谷物储存起来。由于要储存粮食，因此形成了最初的城市。为了防止多余的粮食被掠夺，军人或神职人员等非生产职业的人开始出现在城市里。农民认为只要这些人能守护自己，就乐意向其支付一定的报酬。新的职业类型逐渐朝专业化发展，也逐渐变得更加多样化。制作物品的专门手工业者出现后，就需要有卖东西的商人。人们之间的相互关联程度越来越高，纠纷也越来越多，因此，需要对此进行调解的法律与法律的执行者。由此，农村朝更为复杂的方向发展，最终成为城市。

城市的词源

"城市"一词蕴含了怎样的意义？汉字的组合词语"城市"是由皇帝从事政治活动的地方之"城"与人们买卖东西的市场之"市"组合而成的。即，城市既是政治中心，也是商业中心。表示城市一词的埃及象形文字是⊕，它是由意为城市的"O"和表示"街道"或"集市"的"+"组成的合成词。由此可见，这个词的意思是城郭环绕的地方有集市。英语中表示"城市"的是形容词"urban"，它来源于拉丁文"urbanu"，也是圆或中心的意思，名词"city"的词源是拉丁文"civitas"，在罗马时代指的是地方行政、司法、商业和宗教中心。

神的都市

最早的城市是什么样子的？我们无法亲眼看到当时城市的模样。最早的城市，大部分都已经被风沙埋没，现在只能看到一些发掘出来的土墙遗迹，难以看到整座城市的风貌。

当时的城市建在被称为"丘地"（Tell）的地方。在城市建设时考虑防御洪水的功能，修整了山坡，然后在山坡上修建了神殿等建筑物，后来人们又逐渐增高山坡，再在上面修建建筑物。

城市有泥土制作的城墙环绕，建在连接江河的运河之间。以乌尔为例，其北部与西部由港湾连接在一起，可以与其他城市顺利地进行水上交易，其余地方被城墙环绕。城市内部还有一个被城墙环绕的单独空间。这里有神殿和王宫等重要建筑物，是城市的中心。由两层房屋组成的建筑物位于城市外围，道路由石头及陶瓷碎片覆盖，大部分城市的道路宽度都能够保证手推车通行。

乌尔最值得看的建筑物有什么呢？进入乌尔城门，会发现城市中间有一座高耸的金字塔。现在仅存一层，有17米高。该金字塔原本共有三层，总计60米高，是一座巨型建筑，上面建有月亮之神狄安娜的神殿。据说这座金字塔是由用日光烧制而成的砖石建造的，外层涂着一层特

金字塔与乌尔城的平面图

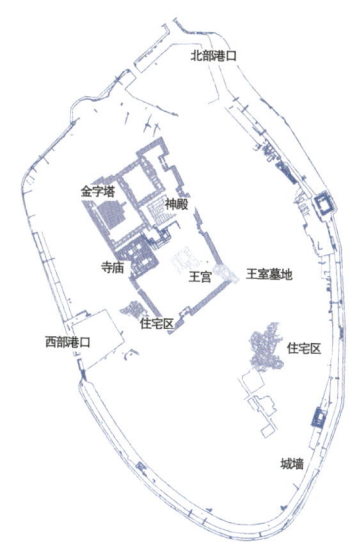

乌尔是在一个名为"丘地"的人工丘陵上用石砖建造的城市。其西部和北部有与幼发拉底河连接的港口,交通非常便利,城市中心有一座金字塔

1 城市的诞生

殊的"沥青",闪闪发光。

当时位于美索不达米亚南部的苏美尔城市的特征是每座城市都有自己的守护神,神殿如同该城市的地标一样高耸华丽。乌尔城崇拜的是月亮之神狄安娜,另外一座重要

的城市乌鲁克崇拜战争与爱情女神伊南娜，埃利都崇拜智慧之神、地下水之神，还崇拜从大洪水时期就一直守护着人类的恩基。可以说，苏美尔的城市是神的城市。

那么，为什么每座城市都需要一个守护神呢？美索

1　城市的诞生　17

> **地标**
> 使人从远处即可准确把握特定场所位置的设施或建筑物。

不达米亚地区聚集着很多农村,但不太安全。首先,底格里斯河与幼发拉底河周边经常面临发洪水的危险;其次,这里位于从安纳托利亚地区一直延伸到东部印度地区的广阔的交通要道上,游牧民族等异族往来频繁;最后,很多农村彼此邻近,相互之间的矛盾容易引发战争。所以,每座城市都城墙高筑,雇用军人,并依靠超人力的神的存在,追求对现世的保护和繁荣。人们为自己的守护神修建高耸华丽的神殿,举办各种庆典,向神献上各种祭品。从农村延续下来的守护神崇拜传统,使各座城市自然以神殿为中心形成,城市起到集中并重新分配财富与权力的功能,并发展成为聚集周围成员的中心。

城市不断发展,各种神话混杂,神之间也出现了排行。苏美尔的城市为了解决修建灌溉设施及应对异族等共同问题联合起来,也许在此过程中,各座城市策划如何祭祀众神,并根据城市规模对神进行了排序。

苏美尔的城市有七大代表神,人们认为世界是由他们控制的。七大神之中除了乌鲁克的守护神安在天上拥有自己的位置之外,其他六位都是苏美尔主要城市的城市之神。他们的排序如下:位于苏美尔中央地区尼普尔的恩利尔、基什的尼胡勒桑、埃利都的恩基、乌尔的狄安娜、乌鲁克的伊南娜以及拉尔萨的乌图。

苏美尔人之间流传着一个有关杜木兹与伊南娜婚礼的神话。该神话记载，两位神结婚没多久，

> **杜木兹与伊南娜**
> 杜木兹是牧羊神，也是丰饶之神；伊南娜是爱情与战争之神。

杜木兹就被关在了另一个世界，这两位神一年只能见一次。他们见面的日子就是旱季结束、雨季开始的日子，崇拜这两位神的人们就在这一天举办盛大的庆典祈求丰饶。

不平等的社会结构

城市仅仅是比原来的农村更大的空间吗？如果仅仅如此，那么，从人类发展史上来看，城市的出现也不算什么重要的转折点了。城市不仅是农村在量上的扩大，从质上来看，也是一个非常复杂的空间。随着人口的增加，在矛盾与纷争的过程中，产生了拥有主导权的力量和权力，它被当成统治人的手段，使城市内部出现了鲜明的不平等的阶层结构。

早期的人类共同体能维持平等关系的原因就在于生产

力是有限的。各个共同体无法满足所有成员生存所需的粮食，或勉强能够实现自给，没有剩余资源。农村的规模扩大，农业技术得到发展之后，农村之间的交易扩大，从而产生了剩余资源，于是开始出现不平等关系。但大体上，在由血缘关系组成的农村内部，因不平等导致的矛盾并没有明显加深。

公元前 7000 年左右，加泰土丘地区主导黑曜石交易的共同体形成了巨大的村落。这里聚集了 5 000～1 万人。据悉，这一村落出现在苏美尔城市形成之前更早的时期，但没有被当成最早的城市，因为这里没有出土能够体现财富不平等关系的证据。虽然在这里出土了储物用器皿，但墓穴的规模与陪葬品都大同小异，没有发现能够体现已经出现了统治者的证据。或许已有剩余产品，但还没有发展到不平等的阶层结构的程度。

但苏美尔人的城市开始出现不平等的人际关系与社会结构。在推进灌溉工程的过程中，很可能出现了拥有财富与权力的阶层。灌溉是需要动员分布在江河流域周边农村的所有劳动力、技术与经济力量的大规模工程。

在策划这一工作的过程中，需要有超越农村的卓越领导者。土木技术人员与天文技术人员等进入领导者核心，神职人员可能假借神的命令，成为领导者核心的主导势力。特别是负责灌溉工程的领导层，很可能在之后控制水源，

并成为拥有水源供给权力与信息的权力阶层。有水源流经的村落相互关联性增强，矛盾亦随之频发。在解决这一问题的过程中，形成了规则与法律，也产生了执行法律的权力。在分配剩余粮食的过程中，领导层最大限度地提高自己的经济能力。由此，不从事农业活动的领导层与支持他们的技术人员、管理者集团脱离了农村，生活在城市里。

1 城市的诞生

乌尔纳姆石碑

乌尔纳姆石碑表现了狄安娜向乌尔纳姆委任王权的仪式。右侧坐着的狄安娜把王权的象征——卷尺交给乌尔纳姆

人是矛盾体。原则上来说,随着农业技术的发展,人类的生产率提高,社会成员应该都能够过上更富裕的生活,但财富与权力却全部集中到共同体的领导集团,尤其是该集团最上层的人手中,从而造成分配不均的倾向。随着财富规模越来越大,以及社会变得越来越复杂,这种倾向愈演愈烈。

接下来，我们看一下最早的城市之一乌尔的不平等社会结构是如何形成的。在以神为中心的苏美尔城市，直接服务于神、转达神的意志的神职人员拥有最大的影响力与经济能力。献给神的庞大的财物与土地都为神职人员所有。神职人员利用财物和现金获得高利息，他们通过借钱给别人获利，从而使财富增值。农耕社会的神职人员是掌握天文学的知识分子。天文学知识可以给农业种植提供非常重要的信息，从事农业的人只能依靠神职人员。神职人员还负责决定共同体什么时候采取军事行动等重要事务，并预测未来。

另一方面，国王代替神、成为神的代理人统治国家。随着城市扩大、经济实力增强，外来侵略也越来越频繁，城市之间的冲突越来越激烈，拥有强大军事力量的国王登上历史舞台。这些国王在城市之间的战争中获胜，逐渐成为君临天下的领导者，他们的权力也得到了世袭。

以往农村酋长中的一部分在城市定居，成为辅佐国王的贵族。军人、学者（天文学家、数学家、法学家等）形成了统治阶层。城市的平民由不同职业的人组成。从事贸易的商人、建筑师、木匠、泥瓦匠、铁匠、陶瓷匠、珠宝匠、纺织工人等专门手工业者集团以及船夫、渔民、农民及牧民等都生活在城市里。城市里开始出现很多并不是必需品的奢侈品，这主要是为了满足国王和贵族想要炫耀财

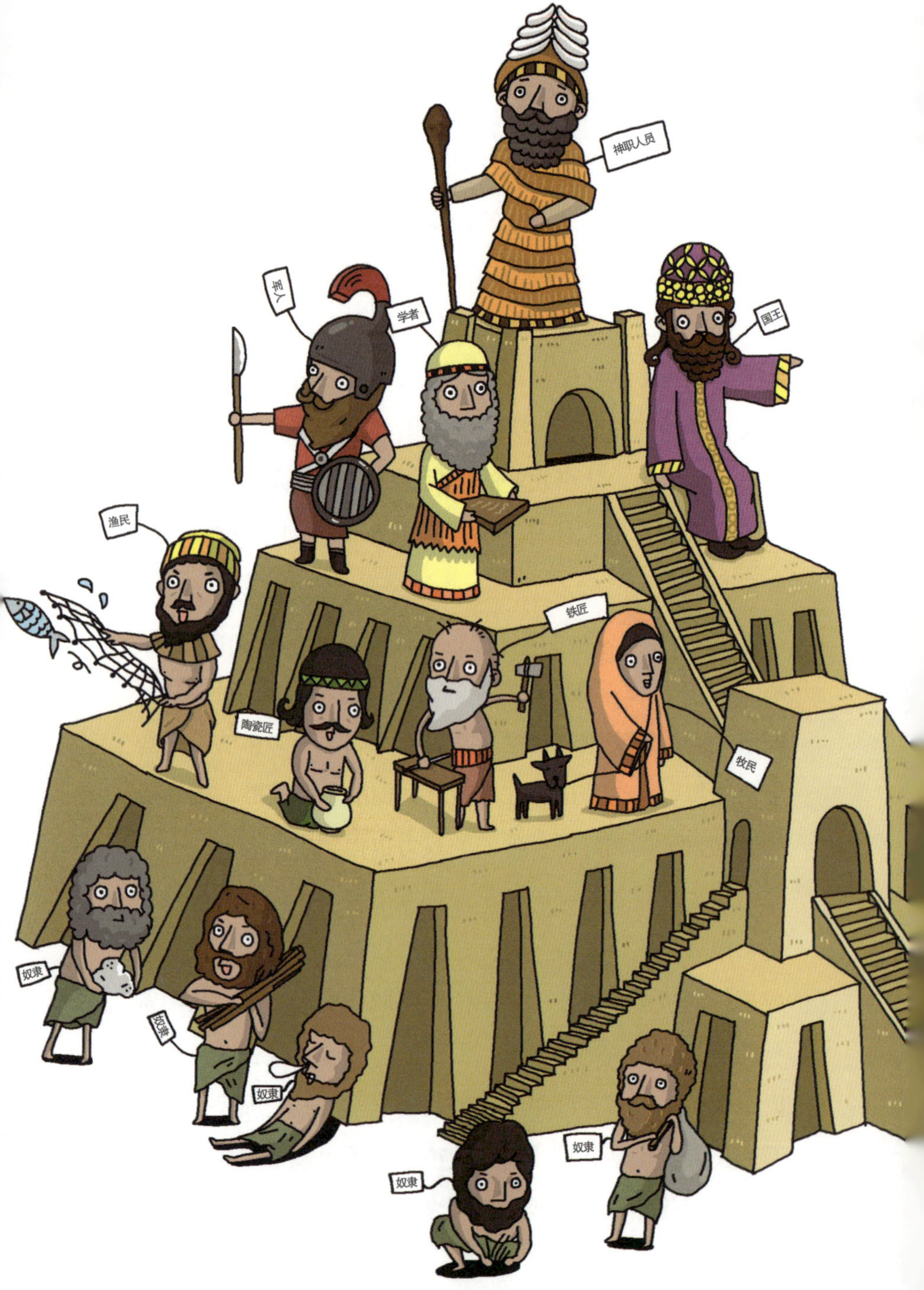
神职人员
军人
学者
国王
渔民
铁匠
陶瓷匠
牧民
奴隶
奴隶
奴隶
奴隶
奴隶

富的需要。商人从城市外部向城市里供给这些物品，城市与城市之间的关系网由此形成。

城市里也有奴隶存在。奴隶要么是战俘，要么是债务人，都是社会的下层人。早期农村与其他共同体存在冲突时，就尽可能地迁移到其他地方继续生活，因此由战争导致的俘虏也不多。但城市发展起来后，农村已经是几乎所有农业发达的地方都有的共同体，因此一旦在战争中失败，就很容易沦为奴隶。

城市与农村之间的不平等关系也不断深化。城市给农村提供必需的水资源管理，调节共同体之间的矛盾，为神服务，为应对频繁的战争进行军事保护，将农村的收成以给神的献金、供品及税金的形式收归己有。城市就是通过这种方法获得位于其周边的农村生产的粮食或手工业原料的。以往的所有城市都依靠远离其中心的村落的农业供给而存在。

最初，城市与农村之间是共生关系。但随着统治阶层的权力越来越大，他们通过剥削与掠夺使城市规模越来越大，农村的义务也不断增多，因为从农村获得的贡品及税金是使城市保持活力的财源。

1 城市的诞生　　25

埃及的书吏

埃及墓穴中发现的湿壁画。人们将粮食装入麻袋,坐在袋子上的官吏计算麻袋的数量,坐在右侧的书吏(用文字记录的人)正在记录麻袋的数量

最初的知识体系——文字与日历

在大历史中,为什么城市的出现如此重要?这主要是因为一座城市出现后,就会成为周边共同体的中心与枢纽,增进相互之间的关联。

人们在城市中聚集,形成多种多样的人际关系。形成人际关系指的是可以在信息交换的网络中生存。能够共享信息的人聚在一起形成多样的网络,集体学习在网络中变得更加活跃。人口增加,信息交流变得复杂而多样,人们之间的信息交换越来越频繁，知识积累与技术革新都呈大幅上升的趋势。随着城市规模的扩大，不仅知识积累与技术革新的数量增加，频率提高，扩散速度也越来越快，形成了比之前的共同体范围更广、更有效的集体学习。

最早在城市中出现的知识积累促进了文字的发展。在乌鲁克发现的最早的文字记录的是献给神的谷物的袋数和家畜的数量。为了有效管理仓库里累积的资源，人类开始使用文字。也就是说，最早的文字可能不是一种沟通工具，而是便于有效行使管理、分配资源这一统治功能的工具。为了计算祭品和贡品的数量而创造的文字，在城市不断发展的过程中也得到不断发展，用于记录重要事件或合同，后来成为保管共同体集体记忆的高层次沟通手段。

苏美尔的城市使用的书写工具是一端被剪成三角形的长芦苇秆或木棍等。人们使用这些工具在泥板上写字。此后，文字具备了楔形文字的形态，这些文字后来就被称为"楔形文字"。

楔形文字实现了从表示一个意思的表意文字到能够记录声音的表音文字的划时代变革。例如，在苏美尔文字中，"ti"是将箭的模样形象化，最初指代箭，后来由于意为"生命"的单词的发音与"ti"相似，就被赋予了"生命"之意。这样的表现方式日趋成熟，而后发展成抽象的符号，文字的数量也减少了很多。

苏美尔城市的楔形文字

在苏美尔城市发现的刻有楔形文字的泥板

能够使用文字，说明该社会已经变得更加复杂，信息与物品的交换量也越来越多。使用文字之后，就出现了会读写文字的知识分子阶层，也出现了讲授文字的学校。人们开设了收集泥板（赞美诗、历史、神话、文学等）的图书馆。得益于文字的发展，邮政制度确立起来，人们甚至还用泥土制作信封。文字的使用，使知识的积累、交换与传承都变得更有效、更明确。文字的使用也促进了集体学习。

早期城市汇总了人们在农村阶段积累的天文学知识,从而制作了有体系的日历,使城市管理农村的角色变得名正言顺。神职人员通过观测天象向农村提供必要的信息,还将日食或月食等神秘现象解释为神的意志。

苏美尔的城市使用太阴历,将一年定为12个月、354天,这与一年有365.25天的太阳历有出入,闰年时增加一个月。苏美尔的天文学家精准理解了夏至与冬至、春分与秋分以及太阳与月亮的周期,还能够预测日食和月食的

玛雅历

玛雅人制作了两种日历,一种是以每个月20天为单位,一年共计18个月零5天,即一年共有365天。他们好像知道地球绕太阳转一周需要这些时间。第二种方法是一年260天。这两种日历合起来就形成了以52年为周期的日历循环,属于这个周期的日与月都有不同的名字。同时,玛雅人还思考了周期更长的日历,即"长纪年历"。360日为"盾",7 200日为"卡盾",14.4万日为"伯克盾",13伯克盾是世界从出现到灭亡的时间。当然,这并不是说13伯克盾结束后,世界就会消失,而是意为又开始了一个新的长周期。玛雅人的日历中体现了周期循环的宗教观与时间观。

时间及规模。他们制作的太阴历甚至可以预测新月出现的时间,可以说非常准确。该时期创造的一周有七天等日历的概念被一直沿用至今。

由此,城市里开始使用文字,出现了学校和图书馆,也有了将天文知识体系化的日历。于是,城市成为人们聚集起来交换知识和信息、系统学习并使新知识体系化的空间。当然，这一过程中积累的知识和信息也成为统治阶层维持权力的手段。但从大历史的观点来看，在人口密度高、相互关联密切的城市，集体学习网络可以最有效地发挥作用。人类也因此出现了与以往截然不同的多样性、复杂性，并促进了相互拥有关联性的文明的发展。

城邦的变迁与帝国的诞生

基什的国王阿伽送给乌鲁克的国王吉尔伽美什一只狮子，要求乌鲁克挖井。这话听起来像是让乌鲁克对基什表示忠诚。但吉尔伽美什举行了长老会议与公民大会，宣布向基什开战。长老们虽然表示反对战争，但民众支持战争。吉尔伽美什根据公民大会的决定，与基什开战，并征服了基什。此后，乌鲁克成为美索不达米亚的中心城市。

通过这个故事，我们可以发现吉尔伽美什时代的城市乌鲁克已经具备了国家形态的权力结构。这里有国王，也有贵族会议，即长老会议牵制国王的权力。人们可以通过公民大会表达自己的政治见解，长老会议不能改变公民会议的决定。我们目前还不知道乌鲁克从什么时候开始具备了城邦的形态并使组织体系化。中心城市与其周边的农村以军事活动与征收粮食为媒介联系在一起，形成城邦。吉尔伽美什等强大领导者的出现使王权得到强化，王位得到世袭。

公元前 2600 年左右，美沙纳帕达在乌尔开始了世袭王朝。该王朝后来占领了基什与乌鲁克，成为美索不达米亚平原的中心城市。该时期，各城邦的势力与领域得到扩张，围绕用水、土地及奴隶问题的矛盾不断扩散。为了掌握主导权，多个城邦联合起来发动战争。最终，收拾这一残局的温马成为城邦的首领。

此时，基什出现了一位名为萨尔贡的英雄。他原本是阿卡德人，出身非常卑贱，还在婴儿时期，就被装在篮子里随波逐流。基什的一位园艺师发现了他，将其收为养子。有一手好手艺的萨尔贡也成长为一名园艺师，在王室工作。这时，乌玛前来攻打基什，而在危急时刻，国王却没有积极应战，导致民心惶惶。萨尔贡目睹这一情况，发动政变夺取王位，提出特别优厚的条件招募士兵。此前的军队都是对战斗非常无知的民兵临时组织而成的，而萨尔贡的军队则是通过严格的军事训练建立的最精锐的部队。这可以算是人类历史上最初的常备军。萨尔贡将据点迁至阿卡德，整顿国家，攻打乌玛，并取得了胜利。

乌玛灭亡后，苏美尔没有一个城邦能对抗萨尔贡。萨尔贡占领了乌尔、乌鲁克、拉伽什等城市，建立了北起玛里、南到海湾的美索不达米亚最早的帝国阿卡德。由此，美索不达米亚地区的城邦时代落下帷幕，开启了帝国时代。

到目前为止，我们考察了美索不达米亚地区从出现最早的城市到城邦，再扩张到帝国的过程，发现城市是人们在为了有效解决散落在各处的农村内部的需求与各共同体之间的矛盾中创造出来的。在城市形成的过程中，以往农村的财富与权力分配不平等，从而出现了统治阶层，在整顿统治势力与财务分配体系及秩序的过程中，城市发展成为城邦。城邦内部稳定后，开始谋求更大的权力与力量，于是它们之间开始了相互联合和竞争，出现了引领战争走向胜利的英雄，城市也超越了周围的领域，发展成为国家。

国家为了有效管理不断扩大的领土与地区，构建了更为复杂的治理体系。该体系既包括有利于国家统治的官僚体

阿卡德王国的兴衰

除统治领域的扩大之外，萨尔贡领导的帝国有几个与以往的城邦完全不同的方面。该国家把10天内能够到达的地方定为一个行政区域，然后派遣王族到该地区进行统治。该国还制定粮食征收制度，统一全国度量衡，消除贸易壁垒，控制了远达印度河地区的对外贸易；开展了全国性的灌溉工程，建设了覆盖整个美索不达米亚地区的巨大灌溉网。通过让国王的女儿担任祭司，控制了苏美尔的神职人员势力。阿卡德王国在萨尔贡的孙子那拉姆·辛的时代达到全盛，疆域西起东地中海沿岸，东至埃兰。但苏美尔帝国贵族之间的政治攻伐、严苛的赋税与连续不断的战争导致民众不断起义，这时库提人趁机入侵，阿卡德王国灭亡。

1 城市的诞生

系，也包括税收体系、军队动员体系、法律与刑法体系。这些体系既存在于城市内部，也适用于国家等更广泛的领域。国家为了吸收周边地区的财物，统治周边地区的民族，再次展开了征服战争，出现了强有力的领导者，征服的地区越来越辽阔，从而出现了帝国。帝国的统治者们既有效又有差别地统治其他民族，努力构建更复杂的统治体系。城市、城邦、国家和帝国的发展是一个日益复杂和相互联系的过程。

拓展阅读

金字塔不是一天建成的

埃及的城市可以分为两种，一种是为活着的法老修建的，另一种则是为死去的法老修建的。位于尼罗河东岸太阳升起的地方是为活着的法老修建的城市，在尼罗河西岸太阳落山的地方则是为死去的法老修建的城市。孟菲斯与底比斯都是为活着的法老修建的城市，为死去的法老修建的最著名的城市是吉萨。

相信灵魂不灭的埃及人认为死后的世界比现世更重要。因此，活着的法老的宫殿用土砖修建，死去的法老的金字塔则用又大又坚固的石头修建。在吉萨，密集分布着埃及金字塔中最大的胡夫金字塔、狮身人面像和神殿。胡夫金字塔高 146.5 米，底座长约 230 米，是人类历史上规模最大的石造建筑。石头的平均重量是 2.5 吨，建造这座金字塔用了大约 230 万块大石头。根据古希腊历史学家希罗多德的记载，建造胡夫金字塔足足用了10万人，历经20年才建造完毕。

  胡夫金字塔是巨大的四角锥形金字塔，它并不是第一次建造就成功了。当时的土木技术人员必须通过数学计算，找到能够承受石头重量的建筑物的合适倾斜角。据传，在斯尼夫鲁时代修建的美杜姆金字塔最初计划的是倾斜角54度，但倾斜角过于锐利，导致表面的石头倒塌，该金字塔以失败告终。美杜姆金字塔建造失败后，人们又尝试了几次，斯尼夫鲁最终建造了倾斜角为43度的红金字塔，并葬在这座塔里。胡夫金字塔此后被建造完成，它实现了50度以上的倾斜角度，里面的支撑墙至今还在发挥作用，维持着金字塔的风貌。可以说，金字塔是无数古代人的数学智慧与建筑智慧的结晶。

美杜姆金字塔（上）与胡夫金字塔（下）。美杜姆金字塔倒塌后，人们又经过无数次的尝试，再加上数学和建筑技术得到发展，最终建造成巨大的金字塔

拓展阅读

最早的巨型城市罗马

　　1世纪前后，奥古斯都掌握了罗马的霸权，此时的罗马已经是人口超过100万的超大型城市。当时罗马帝国另外一座城市的人口最多只有1.5万~3万。由此可见，罗马的规模可谓非常巨大。

　　据传，公元前753年，吃狼奶长大的罗穆路斯以帕拉蒂尼山为中心，规划了一个四边形的地方，罗马自此建城。罗马包括7个山丘，位于卡比托利欧山与帕拉蒂尼山之间的罗马广场成为罗马的政治和宗教中心。意为"首都"的"capital"就来源于卡比托利欧山的拉丁文"capitolium"，可以认为，当时的罗马被当作世界之都。

　　罗马的地标是神殿。罗马人认为自己深受朱庇特

四边形罗马

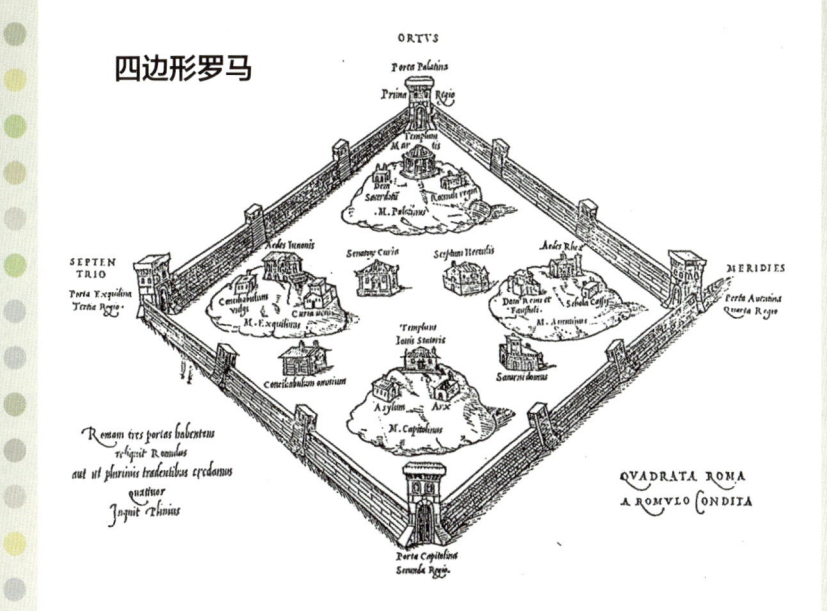

16 世纪的一幅画,以传说"罗穆路斯在帕拉蒂尼山上修建了垄沟,设计出四边形的新城市"为蓝本创作而成

神的庇护,在卡比托利欧山坡上最先修建了朱庇特神殿,后来又修建了密涅瓦神殿等多个神殿。在共和时代,以广场西北部为中心修建了举行政治集会的建筑物。奥古斯都为了庆祝自己的胜利,修建了雄伟的阿波罗神殿,还修建了罗马的其他象征剧场及圆形竞技场。

在罗马，另一个值得注意的是水道。公元前312年，财务官阿庇乌斯·克劳狄乌斯首次修建阿庇亚水道。自那时起，一直到3世纪，罗马共修了11条水道，向市民供水。近的距离水源16千米，长的则距离90千米。这些水道没有使用任何机械装置，使水能够自动流动。通过水道引入城市的水在蓄水池经过一次过滤后，流入家庭或公共水池里。当时没有水龙头，所以每天流出来的水都被储存在公共水池里。罗马人可以免费使用公共水池里的水。最远的蓄水池在40千米之外。贵族们可以申请自费引水到自己家里。

　　罗马的城市模型扩展到罗马帝国的多座城市。帝国的每座城市都有贯穿市中心的纵横交错的大道和广场、神殿、剧场、浴场和公共建筑。城市里还修建了很多供水的水道桥。当时帝国的所有城市都沿袭罗马的城市结构，设计成圆形。

　　罗马是第一个基础设施完备的城市，可供很多人在同一空间内共同生活。从这一点来看，罗马具有非常重要的意义。罗马为当时东西方贸易路线丝绸之路

嘉德水道桥

嘉德水道桥位于法国南部尼姆地区，当时罗马人统治着该地区，据说它是公元前19年由马尔库斯·阿格里帕设计的。水道桥的最上面一层（第三层）是水流的通路

提供了交流的动力，在世界贸易网络的形成中发挥了重要的作用。如果不是罗马贵族需要昂贵的丝绸，东西方贸易就不会维持这么久。

  但罗马帝国衰落后，罗马无法继续保持大城市的威严。410年，西哥特人洗劫罗马；6世纪末，罗马变成了人口不足10万的小城市。在这种情况下，罗马之所以能维持其在西欧的中心位置，是因为教皇住在罗马。但具有讽刺意味的是，罗马也是迫害基督教的中心。

2

帝国的城市

　　帝国有构成共同体的核心民族，占领和统治其他国家和民族，并引导他们自愿合作，实现团结。通过这种方式，皇帝处于帝国资本、文化与知识网络的中心。从帝国各处征收的税金使财富快速聚集到首都，于是，能够成为辅佐皇帝的大臣便是最好的出人头地之路，各地的人才纷纷涌入首都。各种各样的奢侈品也纷纷涌入帝国。财富、人与物资等聚集到首都，高楼大厦林立，提升了城市的威严，展示了帝国的荣光。

　　为了保障帝国的安全，皇帝居住的帝国的首都都修建在精心选定的地方。高大的城墙是必需的。为了向官员和民众展示皇帝是神的代理人，帝国的首都有效地进行宗教宣传。

帝国标榜对世界上的所有人进行普遍统治。帝国为保障生活在其统治领域的所有成员的安全，发展工商业，振兴经济。修建道路、统一货币、制定度量衡，使用共同语言使各民族的知识和文化得以相互影响，创造新的、复杂的知识和文化。帝国就以首都为中心繁荣起来。

公元 8 世纪左右，世界上主要有拜占庭帝国、阿拔斯帝国和唐帝国。本章主要考察君士坦丁堡、巴格达与长安这三个帝国的首都，它们是当时世界上人口最多的大城市。

需要说明的是，当时城市文化最为发达的是亚洲。除长安和巴格达之外，还有京都等生活着 10 万多人的城市。但在欧洲，除了君士坦丁堡之外，几乎没有可以被称为城市的地方。日耳曼人入侵罗马后，罗马的大部分建筑物被损毁，人口数量减少到只有 5 万左右。当时巴黎位于塞纳河中间的西奈岛上，还只是个非常小的城堡。

首都的诞生

尽管罗马皇帝依然存在，但 324 年，处于敌对状态的君士坦丁与李锡尼在位于亚洲与欧洲交界处的拜占庭展开了激战。君士坦丁在该战争中占领了拜占庭，乘势将军队集结到亚洲，后君士坦丁战胜李锡尼，成为罗马的最高统治者。君士坦丁为了整顿因长期内战和经济混乱而走向衰落的罗马帝国，打算放弃罗马，在东方的新土地上建立首都。因此，他在战争中就已经考察好的拜占庭建立了新的首都，并以自己的名字命名，称其为君士坦丁堡。

有关君士坦丁堡的故事有下面一个传说。君士坦丁亲自拿着长矛画出了新首都所在的地方。他的部下问他准备画到什么地方。君士坦丁回答："我要继续画，直到我眼前看不见的引领我的神命令我停止。"这就是绵延1 000多年的拜占庭帝国首都诞生的时刻。此后，君士坦丁堡发展成为欧洲最繁华的城市。

君士坦丁将君士坦丁堡定为首都后，为统合整个帝国，宣布承认基督教，他自己也改变了宗教信仰。君士坦丁的继承者们在首都中心修建了可以进行礼拜的巨大教

君士坦丁堡

君士坦丁堡三面环海，是一座天然要塞。它位于连接地中海和黑海的博斯普鲁斯海峡与南部的马尔马拉海之间，东北部与便于航海的金角湾毗邻。金角湾入口处设置了巨大的铁索，可以阻止敌人的船只进入。西侧为了防御从陆路来犯的敌人，修建了高耸的城墙。狄奥多西皇帝修建的巨大城墙高12~15米，是非常坚固的双层城墙，矗立至今，依然显示着威容。多亏了城墙与大海的庇护，君士坦丁堡才得以维持1 000多年的繁荣。

堂。圣索非亚大教堂就是其中代表性的礼拜堂。这座教堂有雄伟的穹顶，最早修建于4世纪，其间两次受损，6世纪，查士丁尼皇帝对其进行重建。该教堂是献给圣女索非亚的，直到15世纪一直是基督教地区最大的宗教建筑。它的屋顶直径有33米，用粗壮的支柱、翼墙、飞檐、拱形天花板、半穹顶等各种结构支撑着这座巨大的建筑。帝国的首都聚集了当时最高的技术和艺术，修建的宗教建筑起到了借助神力巩固皇权，即帝国势力的作用。

唐朝的首都长安采用了中国传统的"天圆地方"的宇宙论，由长方形的城墙环绕。长安的城市结构遵照了中国儒家经典《周礼》中理想的王城的样子。理想的王城的宫殿坐北朝南，前面是官衙，后面是市场，左边是宗庙，右边是社稷，中间是王宫。

但实际上，长安的城市结构与《周礼》中的王城有些出入。皇帝居住的宫殿并没有位于中央，而是位于都城北部，其前面虽然设有官衙，但本应该位于都城后面的市场却位于皇宫南端东西两侧。这是与《周礼》最大的差异，这种差异可能是由于地形或饮用水供应等生活

《周礼》
儒家经典之一，是搜集周王室官制和战国时各国制度，添附儒家政治理想，增减排比而成的汇编。

2 帝国的城市

上的问题导致的。宫阙的一侧有放置皇室先祖的祠堂,也就是宗庙,另一侧有向土地和谷物之神祭祀的社稷,这充分践行了《周礼》的指示。

伊斯兰阿拔斯帝国的首都巴格达位于直径 2 千米、高 34 米的城墙之内,二代哈里发(伊斯兰帝国的最高统治者)为了体现与前朝不同的新统治秩序,决定修建新的首都。在伊斯兰世界,修建新的首都意味着在混沌中创造宇

宙与人类社会的新秩序。他仔细观察了帝国的每个地方，决定在幼发拉底河与底格里斯河之间修建一座圆形的城市，将其命名为"和平之城"。巴格达城市中央是哈里发的宫殿，由贯通东西、纵横南北的大路将城市分隔成四个部分。这象征着宇宙与天界，体现的是哈里发对东西南北四方世界的普遍权力。哈里发宫殿旁边建有清真寺，体现了哈里发是伊斯兰信仰的守护者和忠实信徒。

长安的城市结构

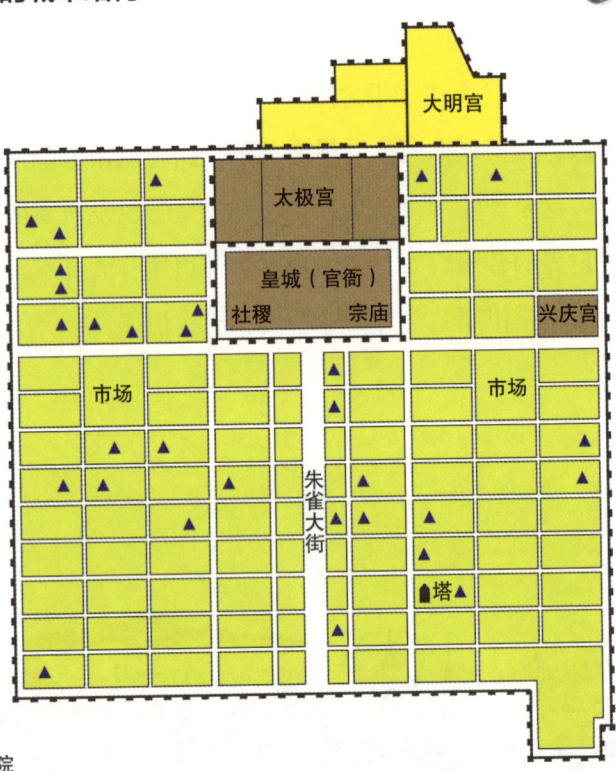

长安城市结构示意图：
- 大明宫（城北外）
- 太极宫
- 皇城（官衙）：社稷、宗庙
- 兴庆宫
- 市场（东西各一）
- 朱雀大街（中轴）
- 塔
- ▲ 寺院

唐首都长安是典型的经过规划修建的城市。东西长 9.7 千米，南北长 8.6 千米，由长方形的城墙环绕，分为南北 13 个、东西 10 个格子形空间，是一个"坊"结构城市。长安的城市结构成为东亚其他国家建都时的典范

48　国家和城市发展的原动力是什么

圆形城市巴格达

曼苏尔于762年修建的城市巴格达的结构图。城市被圆形的城墙包围，这与其说是为了抵御外敌侵略，不如说是保护哈里发及其周围的大臣。在三层坚固的城墙最内侧，是哈里发的宫殿和清真寺，周围是哈里发的亲戚、高层官员的府邸及官衙。第三道城墙与第二道城墙之间是百姓的住宅区。城市最初建成的时候，百姓的住宅区就位于第三道城墙外侧

皇帝的都市

949年，意大利主教利乌特普兰德作为国王的外交使节到访君士坦丁堡，并拜见了皇帝。主教也像其他人一样跪在皇帝面前，磕了三个头。当他抬起头时，却发现皇帝朝天花板飞去，服装也发生了变化。君士坦丁大帝身着天使赐予他的紫色与白色的华丽服装，脚穿带有秃鹫装饰的

2 帝国的城市　　49

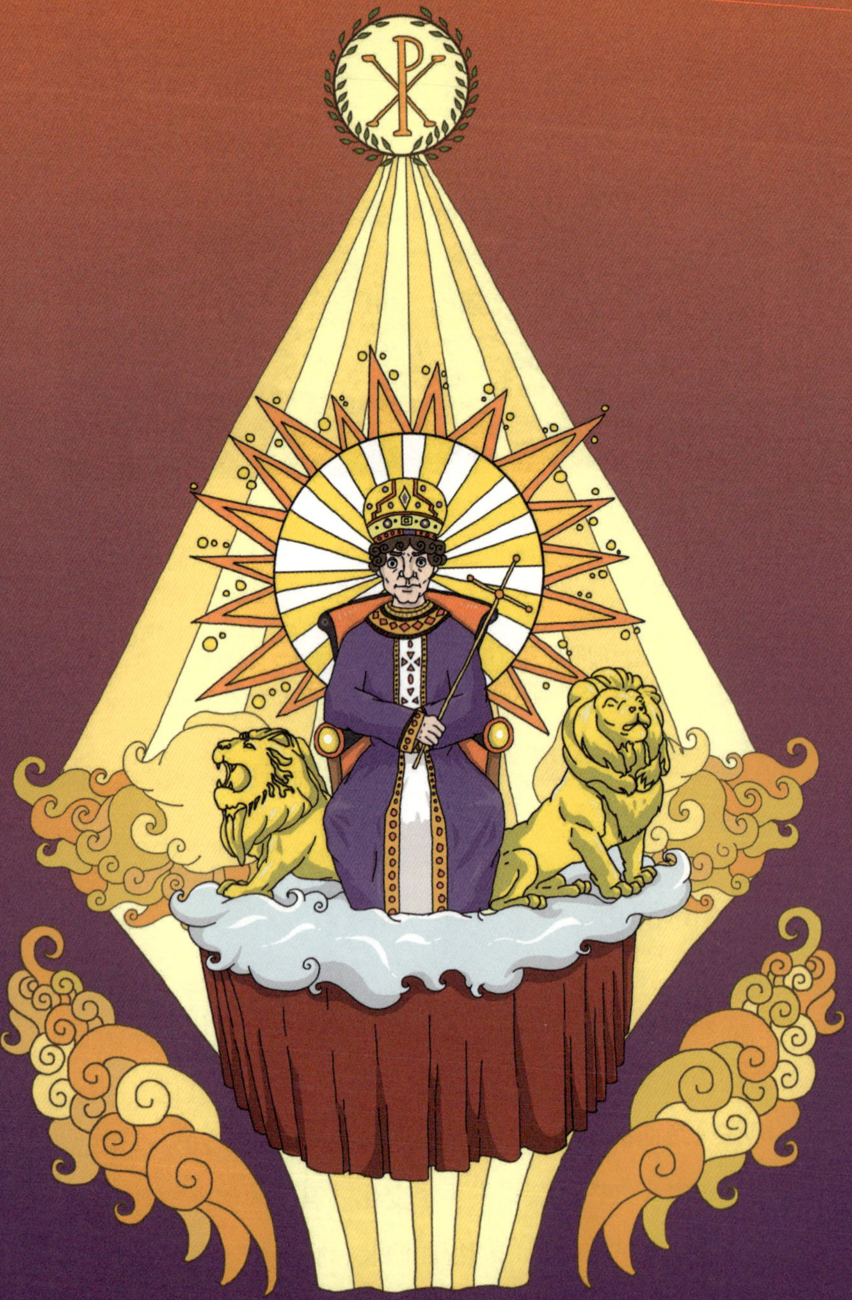

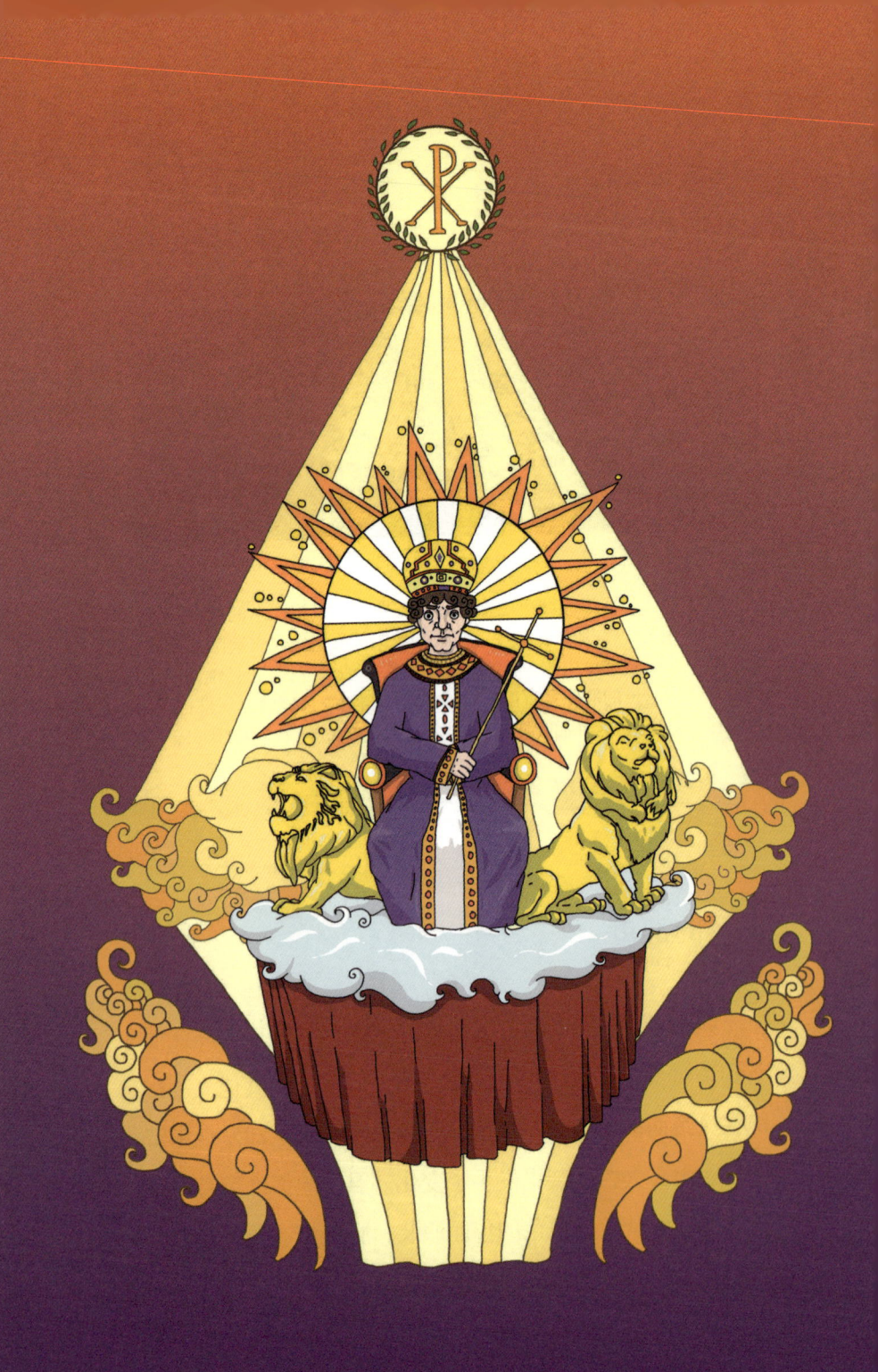

鞋。主教无法直接与皇帝对话，只能通过侍从长传话。

根据主教留下的记录，拜占庭帝国皇帝的宝座前面有一棵黄金树，树枝上有各种各样的黄金鸟，宝座左右两侧都有一只金狮。主教经过时，金狮张开大嘴吼叫，黄金鸟也开始鸣叫。但主教已经听说过这种神秘的景象，所以并没有表现得太过惊讶。主教看到的是通过特殊的机械装置展现皇帝的神圣感与威严的一种仪式。

展现在官僚们面前的是表示皇帝权威与宽容的仪式。每年主日之前，皇帝都会直接向官吏支付俸禄。官吏们听到自己的名字，走到皇帝面前领取金币和丝织品。君士坦丁堡的紫色丝织品被看作非常高贵的物品，因为法律规定它只能用于皇室或作为送给皇帝的礼物。据说，高级官吏获得的金币与丝织品一个人根本拿不过来，需要有人帮助。通过这样的仪式，皇帝显示了皇室的富裕与权力，收到了提高官吏忠诚度的效果。另外，还通过定期向宫殿外的百姓举行的仪式，展示皇帝的财产与光荣。这种仪式通常与宗教仪式一起进行，尽显神圣。

唐帝国的首都长安也是为更有效地举办能体现皇帝中心地位的宗教仪式而兴建的。中国的皇帝被称为"天子"，意为"天的儿子"，他是唯一能代表所有人祭祀天地的人。祭祀宇宙最高的管理者天帝的活动每年从冬至开始，持续 8 天。祭祀时，皇帝从宫中出来，经过长安城南门明德门，在城外的圆丘下车。如果皇帝要祭天，从长安城到圆丘最近最直的路是朱雀大街。这条大街充分显示了皇帝的权威。雄壮的宫廷音乐与众多侍从随行的祭天大礼，彰显出皇帝身受天命，非常有尊严。

根据巴格达的穆克塔迪尔一世修建的"木头宫殿"的传说，可以推测当时宫殿的华丽与奢侈达到了顶峰。宫殿的大厅前有一个巨大的莲花池，莲花池中间有一棵金银树。这棵树有 18 根用金银做成的树枝，小树枝上悬挂着水果状的宝石。据说树上站着各种各样的金银鸟，风吹过树枝时，悦耳的口哨声与树叶的沙沙声交织在一起，非常动听。在没有财务公开制度的时代，很难推测为了皇帝的奢华生活耗费了多少钱财。

帝国的首都都修建得尽显皇帝的神圣、威严与耀眼的荣光，通过宗教仪式定期显现皇帝的神圣，首都的建筑也修建得适合彰显皇帝的威容。帝国的统治者通过举办大规模的活动显示他们接受神的委托为百姓服务，但统治行为的背后却是统治者及其身边人过着极其奢侈的生活。

宽容的城市

受神委托的皇帝的统治领域遍及人类生存的每个地方。皇帝认为自己不仅是本民族的统治者,也是世界上所有人的统治者,连外国人也是受皇帝统治的百姓。帝国统治没有到达的地方就是没有人类生存的地方,那里被看作怪物生存的地区。

如果向聚集到帝国首都的各民族提出各种特定要求,则不利于民族和谐。因此在帝国治理体系与结构朝国际城市迈进的首都,其社会制度通常都比较宽容。帝国的首都在政治、经济、宗教等方面是开放的,承认多样性的存在。居住在首都的人都被看作需要皇帝无限怜爱的臣民。

先来看阿拔斯帝国的首都巴格达。根据伊斯兰教教义,所有的穆斯林都是共同体中平等的一员。但实际上,

伊斯兰帝国的扩张与巴格达
建立阿拔斯帝国的什叶派势力在帝国东端通过军事政变消灭了倭马亚王朝,将首都从大马士革迁到巴格达。巴格达是位于摩苏尔与巴士拉之间的贸易要塞,所以才得以发展成为世界性的"贸易之城"。

在阿拉伯贵族独占政治、军事特权的倭马亚帝国时代，这样的教义没能实现。伊斯兰帝国内的波斯人虽然改信了伊斯兰教，但还是要承担繁重的赋税，在政治和军事上因为是被征服的民众而受到不公平的待遇，于是他们开始表达不满。

因此，倭马亚帝国被推翻，阿拔斯帝国建立。阿拔斯帝国的哈里发废除了阿拉伯人的优越地位，力图践行所有穆斯林平等的原则。不仅阿拉伯人，其他所有对帝国忠诚的人，无论民族与宗教，都可以成为官吏或军人。另外，改信伊斯兰教的人也被免除了人头税，伊斯兰帝国试图通过宽容进行统治。

为了象征性地体现这些变化，阿拔斯帝国将首都迁到了巴格达。巴格达虽然在政治和经济上是开放的空间，但因为曾经是波斯帝国的中心，所以地处距阿拉伯贵族大本营东侧较远的地方。尽管如此，阿拔斯帝国仍把首都定在巴格达，主要原因是把在王朝建立中立下功勋的波斯人纳入统治，从而消除阿拉伯人与非阿拉伯人之间的敌对感，这体现了新王朝建立穆斯林共同体的意志。

在巴格达，犹太人、波斯人、伊拉克人、阿拉伯人、叙利亚人、中亚的土耳其人等各种民族共同生活，巴格达也发展成为一座混杂的国际城市。基督教、犹太教、琐罗亚斯德教等各种宗教并存。他们支付特殊的人头税，从而获得"受法律保护的人士"的待遇，并在每个宗教共同体中都能维持自己的教义。

此外，通过波斯湾从事印度贸易的东方商人、巴士拉的留学生与商业人士、来自亚历山大的学者等各国各行业的人都以巴格达为大本营开展活动。因此，在巴格达可以购买到来自世界各地的奢侈品。例如，中国的瓷器、东南亚及印度的香料、土耳其的玻璃、东非的象牙和沙金等。

长安也是一座国际都市。丝绸之路始于长安，远至波斯和罗马，甚至影响到非洲。在长安可以购买到非洲的象牙和香料，亚洲的丝绸与瓷器也远销非洲。沿着丝绸之路而来的阿拉伯商人、粟特商人，甚至拜占庭帝国的商人都云集于此，他们主要集中在西市从事商业活动。长安一度兴起了穿胡服的"胡风"。戴着西域人的帽子、身着窄袖上衣与百褶裙的女人骑马穿行在都市中。671年，政府以"有失体统"为由，下令禁止女人骑马，但这并没有阻止她们。

各种宗教团体聚集长安，这里修建了很多宗教寺院。有供奉孔子的文庙、佛寺，还有道观以及琐罗亚斯德教的寺院，甚至还有聂斯托利派的教会以及伊斯兰教的清真寺。摩尼教徒与印度的怛特罗密教教徒在长安进行传教活动。

君士坦丁堡有当时世界上最大的市场。在君士坦丁

《礼宾图》

《礼宾图》描绘的是在唐朝三位鸿胪寺官员陪同下,友好国家和边疆少数民族使节等待章怀太子接见的场面,发掘于章怀太子墓中。壁画上画着拜占庭帝国的使节、高丽的使节、东北少数民族的使节等各国人物

堡,无论人种或教派,只要和拜占庭人缴纳一样的税款,就可以和平地进行交易。君士坦丁堡设有外国商人的居住地与特区。来自热那亚与威尼斯的意大利商人是基督徒,他们与西罗马教会和拜占庭教会在教义上是对立的,因此为他们单独设置了活动区域,修建了共同体居住的建筑和

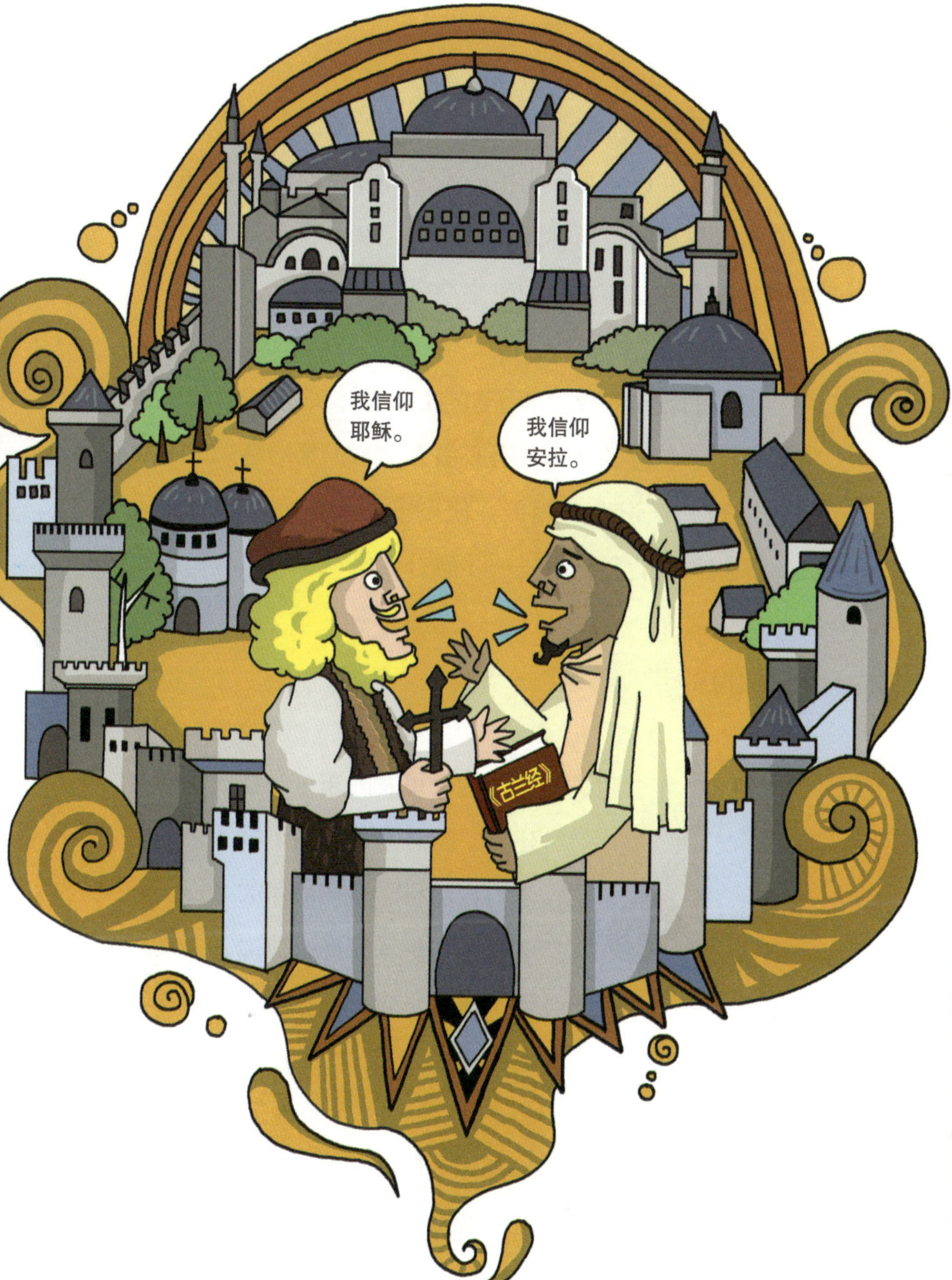
我信仰
耶稣。
我信仰
安拉。
《古兰经》

教会，让他们按照自己的习俗生活。来自叙利亚的穆斯林商人是活跃在君士坦丁堡时间最长的外国商人，他们修建了清真寺，并以清真寺为中心生活并开展商业活动。这里还有来自埃及的穆斯林商人。此时，基督教文明与伊斯兰文明并没有在这座城市中发生冲突。

宽容的城市不仅提高了皇帝的威严，而且使帝国变得光辉灿烂。宽容的城市具有吸引人前来汇集的魅力，不受歧视的这一认识口口相传，使更多的人前来从事商业活动。知识与文化得到更进一步融合。

智慧的殿堂

约830年，阿拔斯帝国的哈里发阿布·马蒙在巴格达建立了智慧宫，开始了翻译希腊哲学与自然科学著作的伟大工程。许多学者与翻译家齐心协力，不仅翻译了亚里士多德的著作，还将托勒密的《天文学大成》以及欧几里得的《几何原本》等很多希腊著作翻译成阿拉伯文。

智慧宫有一位名叫花剌子米的

智慧宫
拜占庭帝国设立的将书翻译成阿拉伯文的研究机构，也被称为"智慧的殿堂"。

58　国家和城市发展的原动力是什么

数学家，他学习了印度数学，使阿拉伯数字体系化，著有有关方程式的书。意为"代数学"的"algebra"一词就来源于该书，意为"数学计算方式"的算法（algorithm）一词则来源于他的名字。花剌子米的成就受惠于已被翻译成阿拉伯文的印度天文学和数学书籍，从印度引入的"0"的概念也被记录在巴格达的数学书里。

在阿布·马蒙时代，巴格达成为世界上最有名的学问之城。除"智慧宫"外，还有宫廷图书馆与天文台，基础设施完备。巴格达的学者们在广泛涉猎古希腊与印度学问的基础上，对其进行融会贯通，进而创造出新的知识。阿布·马蒙每周在宫殿里举行一次文学、科学、哲学和宗教讨论会，鼓励学者们奋发图强。

造纸术的引进进一步促进了学问的发展。造纸术在中国汉朝时期被发明，唐与阿拔斯帝国之间爆发的争夺丝绸之路主导权的怛罗斯之战使造纸术传到伊斯兰世界。757年，在该战役中被俘的中国造纸技术工人在撒马尔罕造出了纸。794年，巴格达修建了造纸厂，开始大量生产纸张。巴格达制造的纸主要采用亚麻与棉做原料，比以前的纸柔软光滑。造纸术在伊斯兰帝国得到广泛传播，到10世纪中期，西班牙也开始造纸。

纸张的生产大大促进了知识的产生和传播。8世纪，阿拔斯帝国的哈里发哈伦·拉希德命令在官衙里使用纸

伊本·西那的活动

绘有伊本·西那（980—1037）的医疗活动的画。伊本·西那是体现伊斯兰帝国知识传播情况的代表人物。他学习了盖伦与亚里士多德等希腊、罗马学者留下的医学知识，并将临床经验和医学知识汇集起来，写成了《医典》一书。他在药材领域的渊博知识得益于当时来往于伊斯兰帝国的药材商网络的构建。在此后的600多年里，《医典》一直是伊斯兰世界乃至整个欧洲地区的最高医学典范

张。纸张的大量生产使已被翻译的著作出版成书，在帝国范围内广泛传播。用羊皮纸制作的书籍非常贵，一般人买不起，而用纸制作的书轻便便宜，使各地兴起了收藏图书的图书馆。10世纪时，开罗宫廷图书馆的藏书达200万卷，巴格达则有100余家书店。个人也可以大量收集纸质图书。

对于巴格达的学问成就，我们不能单纯地将它理解为保存了希腊学问并将其传播到欧洲，或将印度的数学和天文学知识传播到欧洲的传播者。通过各种途径传来的知识经由巴格达学者的集体学习，形成了新层面上的学问。这些学问传播到欧洲，又为其他新学问的产生奠定了基础。

唐朝的首都长安也承担着学问中心的功能。当时的学问主要由皇室支持，所以长安城里有受皇帝之命和支持而建立的国立大学——国子监。地方上有进行中等教育的私塾，但人才最终还是要到国子监接受教育。

唐太宗时期，外来文化被大规模引进。求法僧玄奘从印度带来了650多卷佛经。玄奘获得唐太宗支持，将1335卷佛经翻译成汉字，这是一项规模宏大的工作。他还以自己的旅行经历为基础，编纂了《大唐西域记》一书。书中记录了今天中国新疆以及阿富汗、巴基斯坦、印度、柬埔寨、尼泊尔、斯里兰卡等100多个地区的地理状况、遗址和城市风景等。这本书充分扩展了当时知识分子的知识面。以玄奘西游为契机，中印两国开始了频繁的外交使节往来，印度的数学与天文学知识被介绍到中国，中国的道教等哲学知识被传播到印度。

君士坦丁堡设有大学和图书馆。君士坦丁堡的学者们精通希腊文，熟悉古希腊哲学，不仅非常好地保存了古希腊哲学，而且对柏拉图和亚里士多德的思想进行了卓越的注解，使其传播到欧洲。最具代表性的学者佛提乌利用亚里士多德的逻辑学展开了神学论证，阿里萨斯解读了古代著作，并进行了逻辑学、存在论以及心理学的研究。

从历史上来看，没有比帝国的首都更华丽、雄伟的城市，也没有比帝国的首都人口更多的城市。这里洋溢着财富与知识，使其他城市也变得富裕。在巴格达和君士坦丁堡形成的学问与知识传播到意大利的城市，引发了欧洲文艺复兴运动。

首都的衰落与帝国的衰退

帝国的首都虽然华丽绚烂，但是无法永恒。就像帝国不能永恒，帝国的首都也避免不了灭亡的命运。1世纪已经有100万以上人口、被称为"世界之都"的罗马也是如此。异族的侵略导致帝国瓦解，华丽的建筑物倒塌，罗马沦落为一座平凡的城市。阿拔斯帝国的首都巴格达是当时思想和经济最为繁荣的城市，也同样避免不了衰落的命运。1258年，由于蒙古入侵，最后一任哈里发被杀，整座城市完全变成废墟。除了几座城门，完全看不出圆形城市的痕迹。长安亦然。唐朝末年，节度使叛乱与农民起义不断，当时的权势大臣朱温带着傀儡皇帝昭宗迁都洛阳，长安的宫殿、官衙和民宅全部被推倒。长安一带的百姓全部迁往洛阳，此后很长一段时间，长安都没有恢复原来繁荣的景象。

帝国最繁荣的都市随着帝国的衰落失去了发展的基础。帝国首都能够得到发展的动力是各民族聚居、人口增加，以及工商业的发展。在此基础上，经济也得到不断发展，人们生活稳定，学问、知识、艺术蓬勃发展，文化繁荣。但城市荒废后，无法再发挥上述功能。很多人相互作用产生的体制也失去了效力。人们开始向外迁移，城市失去了维持繁荣的经济基础。繁荣的文化移到新的中心，没落的城市里只剩下曾经繁盛时期的遗迹。

拓展阅读

15 世纪在美洲崛起的帝国的城市

美洲曾经有两个由皇帝统治的大帝国，分别是印加帝国与阿兹特克帝国。到达这两个帝国首都的欧洲人发现，与当时欧洲的大城市相比，它们在华丽程度、规模和经济实力上毫不逊色。

印加帝国的库斯科当时是一座生活着 20 万人的大城市。那里有很多神殿，以至于早期的征服者将其称为"神的故乡"，并在那里举办盛大的祭祀仪式。库斯科位于两条小河之间，两条河交汇的地方是印加

中美洲的文明

中美洲指的是从墨西哥中部，经由危地马拉、洪都拉斯，直到尼加拉瓜之间的区域，是美洲最早的文明发源地。这里诞生了奥尔梅克文明、玛雅文明、特奥蒂瓦坎文明、阿兹特克文明。

人认为的神圣的宇宙中心太阳神殿。该词意为"黄金之家",是个神殿复合体,里面既有祭祀各种神的神殿,也有管理神殿的祭司的房间,还有保管献给神的祭品的房间。此外,古印加帝国的首都库斯科的中央广场上有供奉着太阳神的神殿,那里举办重要的仪式和庆典。6月夏至与12月冬至时节举办庆典,8月播种时节与5月收获时节会举办玉米庆典。每次举办庆典时,都会把库斯科历代统治者的木乃伊从墓穴中取出来,让其加入庆典。

阿兹特克帝国的首都特诺奇蒂特兰更有趣。这座城市位于墨西哥中央高原海拔2 200处,巨大的特斯科科湖中的一个小岛上。特诺奇蒂特兰通过通向四方的人工大坝与陆地相连,非常时刻可以切断与大坝连接的桥,使其变成天然要塞。城市中央有被称为"大神庙"的神圣空间,由金字塔形状的大神殿、宫殿与中央广场组成。

据推测,特诺奇蒂特兰生活着15万~25万人,养活这么多人口的经济基础是名为浮园(floating gardens)的农业种植方式与大市场的存在。浮园是在

阿兹特克帝国的首都特诺奇蒂特兰

这是一幅 16 世纪的画作,展示了修建在特斯科科湖中的城市特诺奇蒂特兰的面貌。通过横贯湖面的人工大坝,可以到达天然要塞特诺奇蒂特兰。城市中间的四方形空间是大神殿

城市内部与邻近湿地使用人工筑坝的方式,将土地堆积成坝状的种植用地。人们利用湿地修建水道,挖掘湖底部的泥土,将其做成浮园,修建柱桩防止水土流失,并种植藤类植物进行加固。这些土壤非常肥沃,一年可以进行多次种植。为了管理浮园,人们定期挖掘水道,增加新的泥土,维持土地的肥力。特诺奇蒂特兰的房屋大部分被浮园环绕,居民可以吃到在这里

美洲原住民的市场场景

迭戈·里维拉绘制的美洲原住民的市场场景。为了能让更多人看到这幅画，里维拉选择民众聚集的场所，绘制了这幅壁画

栽培出来的新鲜蔬菜。

  特诺奇蒂特兰的市场体系井然有序。据征服了阿兹特克帝国的埃尔南·科尔特斯记载，这座城市广场众多，每天市场一开门，就有超过 6 万人在这里进行买卖。市场上有专门处理纷争的裁判所，也有关于商业行为的法律。市场上可以购买到浮园里栽培的各种水果和蔬菜，还有瓷器、纺织品、黑曜石等来自帝国各地的贡品和商品。

3 商业城市

日耳曼人导致了罗马帝国的灭亡,在欧洲西北部定居下来,直到 10 世纪,战争和掠夺仍在继续。随着人口减少,商业网络断裂,可以称得上城市的空间逐渐消失。但在日耳曼人的掠夺进入停滞阶段的 10 世纪以后,人口逐渐增加,农业生产也得到恢复,市场开始在欧洲西北部出现。但直到 13 世纪,欧洲在城市文明方面还是很落后。

但是,中国、印度和伊斯兰地区的城市文化与商业命脉得到传承,出现了不少人口 50 万以上的城市。意大利商人为了购买胡椒等东方的香料,穿过地中海,远赴开罗等伊斯兰城市,他们的活动促进了意大利商业的发展。他们带着胡椒与巨额资金寻找北欧的纺织品市场,促进了北欧城市的发展。

在商业城市，大商人是主人公。特别是在西欧出现的新城市中，商人同业公会成为中心力量，成功地从封建领主手中获得了自治权。他们选市长，成立市议会，使城市实现自治运营。自由的空间城市打破了封建秩序，以市民为中心的早期近代国家初具雏形。

胡椒贸易与商业城市的发展

> 我不能不考虑
> 危险的暗礁的存在
> 那些暗礁即便是轻触我的船舷
> 船上的所有香料也可能顺水漂走
> 给愤怒的波涛穿上一层绸衣

这是莎士比亚的戏剧《威尼斯商人》中富有的商人安东尼奥的一部分台词。安东尼奥拥有一艘大船，通过将胡椒、生姜等香料销往欧洲各地获得巨额利润，是威尼斯商人中的典型人物。莎士比亚的著名戏剧大部分都是以 16 世纪为背景的，不过，13 世纪的威尼斯已经出现了很多安东尼奥式的商人。戏剧中 16 世纪的安东尼奥可以直接将自己的船发往印度，但在 13 世纪，这是不可能的，因为通过非洲好望角前往印度洋的航路开辟于 1498 年。

以胡椒为首的东方香料是欧洲与伊斯兰地区贵族生活必需的奢侈品。胡椒用于制作肉类和鱼类料理，起到增进食欲的效果。胡椒主要在印度生产，但商人们故意隐瞒这一点，以增加胡椒的神秘感与稀缺性，使其成为香料中价格最贵的。那么，这些香料是通过什么样的途径传到欧洲的呢？

胡椒的主要产地是印度西南海岸地区，生姜与丁香的主要产地是斯里兰卡和东南亚。但在13世纪的欧洲，没有直接前往印度的办法，因此，欧洲的商人只能选择与穆斯林商人进行交易。穆斯林商人购入胡椒，将其运到地中海沿岸的港口，威尼斯与热那亚等意大利城市的商人购买胡椒，将其供应到欧洲其他城市。

在胡椒从印度传到欧洲的过程中，其价格翻了好几倍。在印度的贸易城市科泽科德，购买50千克胡椒只需要3达克特，而在威尼斯则需要60~90达克特。而到了欧洲北部的城市，这个价格会翻到100倍以上。胡椒价格之所以如此攀升，是因为欧洲人对胡椒的需求激增，还因为没有其他可以购买到胡椒的途径，再就是胡椒贸易本身存在着很大的风险。在《威尼斯商人》中，安东尼奥的船沉没了，他面临破产的风险。但尽管有如此高的风险，只要成功一次，就可以获得巨额利润，因此通过胡椒贸易致富的商人大有人在。

随着胡椒贸易的发展，出现了很多典型的商业城市。胡椒所到之处，聚集了大量的人、金钱以及各种商品，形成了巨大的市场。在该时期，最繁荣的城市之一是埃及的开罗。开罗是马穆鲁克苏丹王朝的首都，相比政治地位，其经济地位更容易体现其当时的影响力。通过贸易进口而来的印度香料与中国的丝绸及瓷器通过红海聚集在开罗。为了购买这些商品穿越地中海而来的威尼斯与热那亚的商人也蜂拥到开罗。威尼斯与热那亚的商人严格控制进口产品的价格与船舶装卸货的时间，尽管要支付胡椒价格的三分之一做关税，但他们仍然努力维持与开罗之间的贸易。

13 世纪末，开罗成为人口近 50 万的大城市。特别是

13 世纪的香料贸易中心印度

夏天，风从非洲大陆吹向印度西海岸，冬天，风从印度东北部吹向非洲海岸，因此，穆斯林商人可以利用季风轻松地在印度洋航行。10 世纪以后，香料贸易开始活跃，印度出现了贸易代理人。以他们为中心，印度的城市开始伊斯兰化。13 世纪后期，科泽科德向穆斯林商人提供了优厚的贸易条件，使科泽科德发展成为印度洋香料贸易的中心城市。与北部港口邻近的门格洛尔居住着阿拉伯人、古吉拉特人、犹太人等各种人种，形成了一个 2 000~3 000 名商人聚居的共同体。门格洛尔是一座没有城墙与大炮等防御设施的自由商业城市，但随着想独占贸易利益的葡萄牙人的到来，这里开始修建城墙。

蒙古军队攻陷巴格达后,开罗实际上成为垄断香料贸易的新的贸易之都。

地中海的威尼斯也是不能被忽略的重要商业城市。威尼斯主导了该时期地中海的海上贸易,促进了欧洲城市的复兴,它是568年为逃避伦巴第人侵略而到海边滩涂地避难的一群人建立的城市。该城市从地中海对岸的拜占庭帝国购买贵族需要的奢侈品,然后供应给日耳曼贵族,从而获利。威尼斯商人不顾教皇的禁令,开始与北非的伊斯兰国家进行贸易,他们的主要贸易物品是奴隶与木材等。

十字军东征给威尼斯等意大利商业城市带来了巨大的发展机会。十字军东征时期,威尼斯与法国的港口城市以及巴勒斯坦地区的十字军城市往来频繁,运送人员和物

13世纪的商业城市

在新航路开辟之前的13世纪,除中国的几座城市外,主要的商业城市都是因香料贸易发展起来的。当时以胡椒为代表的香料的原产地是印度与东南亚地区。从印度购买胡椒的穆斯林商人经过霍尔木兹海峡、巴士拉或红海,到达开罗与君士坦丁堡,将他们买来的东西卖给威尼斯或热那亚的商人。就这样,胡椒通过意大利商人到达法国,或沿着大西洋沿岸到达德意志。

要塞城市与布尔乔亚

经过几个世纪的混乱,欧洲的封建贵族修建了要塞村落。用拉丁文标记的话,该单词是"burgus",意为"塔状小堡垒"。封建领主及其家人、骑士以及神职人员都住在里面。商人们也自然而然地聚集在这些要塞周围,为他们提供奢侈品。不过,由于这些小堡垒只有某些特定的地方由城墙包围,因此商人们只能住在堡垒的城墙之外。这些地方被称为新小堡垒。随着新堡垒的商业功能扩大,他们也像封建贵族一样,认为有必要保护自己住的区域。他们先是建造木栅栏,然后用石头修建坚固的城楼,还修瞭望塔,以应对战争。商人的驻地本身也变身成为由城墙围绕的要塞。在新城墙内,以前的封建领主的城墙成为受双重保护的空间,这是当时欧洲新兴城市的特征。生活在新堡垒中,从事商业活动的商人在法国被称为"布尔乔亚"。

要塞城市卡尔卡松全景

资。为了满足日益增加的船舶需要，威尼斯开办了国营造船厂。十字军东征末期，法国国王路易九世从威尼斯与热那亚租借了数百艘船，还订购了很多新型、大型的船舶。

十字军东征使欧洲人接触到了拜占庭世界，欧洲各地对香料、丝绸、贵金属等东方物品的需求剧增。威尼斯商人利用当时地中海地区最为发达的造船技术，垄断香料贸易，积累了巨额财富。他们利用金融和保险等早期资本主义的商业方式来管理和增加他们的财富。主导威尼斯城市行政的也是这些商人。15世纪后期，这样发展起来的威尼斯成为一个人口超过18万的大城市。

意大利商人带着东方的香料与大量的资金进入欧洲内陆市场，在欧洲西北部形成了大规模的城市。当时在欧洲西北部，三圃制的普及和轮式犁等农耕技术的发展提高了农业生产量，为城市的发展打下了良好的基础。最初是法国南部的马赛等城市发展成为商业城市，后来，定期开设毛织品市场的香槟地区的城市也发展起来，这主要得益于意大利商人来此交换胡椒与毛织品。香槟地区有六个定期市场，一般一次开两个月。意大利商人的活动使毛织品不仅被销往马赛、巴塞罗那、佛罗伦萨、君士坦丁堡，而且远播到开罗和阿拉伯地区的其他城市。

14世纪，意大利商人乘船经过伊比利亚半岛，寻找通往法国北部的大西洋的航路。结果，根特、布鲁日等佛兰德斯地区的城市发展起来。根特是佛兰德斯地区纺织品工业的中心，这里发展成为生活着约8万人口的城市，是当时欧洲西北部与巴黎一样人口最多的城市。布鲁日的人口不到4万，城市规模比根特小，但在商业和金融方面是该地区的中心。金融的发展也是因为受到了意大利商人的影响。

威尼斯自称拜占庭帝国的臣民，但那不过是形式上的誓约，10世纪之后，威尼斯实际上是独立的城邦。威尼斯的政体是由贵族主导的共和制。但威尼斯的贵族不是欧洲西北部那样以土地为基础的封建贵族，而是从事贸易的大商人。他们可以当选为市民大会的成员，制定法令，选举行政官与其他几个小组委员会的委员，或当选为委员。由贵族选举选出的领导者被称为"总督"，总督实行终身制。总督与公职人员从事公务，其家族的其他成员从事商业贸易。威尼斯的贵族身着托加这种既朴素又体现威严的服装，将自己与中小商人和手工业者区分开来。中小商人虽然在经济上比较富有，但几乎没有参与城市行政的机会。

威尼斯最重要的区域是商业中心里亚尔托和政治中心圣马可广场。威尼斯最初建立的时候，这里

市民大会
城市的市政运营机关，承担市议会的功能。

3 商业城市　75

1500 年左右的威尼斯鸟瞰图

雅各布·德·巴尔巴里制作的威尼斯鸟瞰图。在图的中间下方可以看到圣马可广场的钟楼。圣马可广场是当时公共的政治和宗教场所,也是市民举办集会与庆典的场所。圣马可广场上方运河左侧是商业中心里亚尔托。右侧上方是兵器厂兼造船厂

曾经是市场,后来变成威尼斯财富的基础。那里有批发商店、交易所和珠宝店,大量出售各种香料与纺织品。大商人出身的贵族经常出现在这里,这里有他们专属的特别交易所。

圣马可广场至今仍是世界上最有名的广场之一。这里

有圣马可教堂和总督官邸,总督官邸是城市的市政厅建筑。总督在这里居住,虽然名为总督官邸,但实际上经常被当作贵族的会议场所。

佛罗伦萨的市政厅与市政广场

从封建领主手里获得了自治权的欧洲商业城市组织了市政府和市议会,并修建了市政厅。佛罗伦萨从商人组合中选举出六名市行政官管理城市事务,他们在被称为"旧宫"的市政厅工作。市政厅周边有很多公共建筑,也有市政广场。该广场是执政官迎接重要访客、观看赛马比赛等公共活动的场所。所有佛罗伦萨人聚集在广场上,听取市政厅颁布的消息和法令,参与斗牛、赛马以及对异端处以火刑等各种类型的公共活动。此外,这里还举办市民的露天集会,但禁止在该广场进行商业活动。

佛罗伦萨市政厅旧宫与市政广场图

这座城市最大的特点是设有像圣马可广场这样的市民广场。这里不仅举行祝贺总督当选的游行仪式，而且举办重大的宗教庆典等政治、宗教活动，还举办斗牛、赛马等市民可以参与的活动。在畜产市场，每年都举办猎猪比赛。选举时还可以看到贵族们在这里恭敬地请求民众投票的身影。一旦发生战争等大事，人们就会涌到广场上，听取旧宫发布的最新战况，并静坐示威。由此可见，市民广场是代表市民自由与权利的地方。

像威尼斯这样的意大利城市最初是由商人贵族主导的共和政体，但欧洲西北部的城市有所不同。在欧洲西北部，封建领主的城墙周边兴起了新的商业城市，城市中的商人仍要接受封建领主的统治，承担基本义务。该地区富有的商人试图摆脱封建领主在城市管理中的影响。他们借钱给领主，进而获得自治权。其结果就是他们在城市中获得了特权，形成了自治法，建立了法庭和议会，有时也借助武力将诸侯的势力赶出城市。

每座城市都有行政官和议员，也修建市政厅与市议会。北欧最大的纺织品城市布鲁日的市政厅拥有宏伟的礼堂与议会场所，该市的市政厅位于市中心。市政厅有该市的金库与文书保管所，还有2名市长和12名副市长，以及12名议员，他们在市政府制定法律，进行法庭仲裁。

狂欢节与四旬斋之战

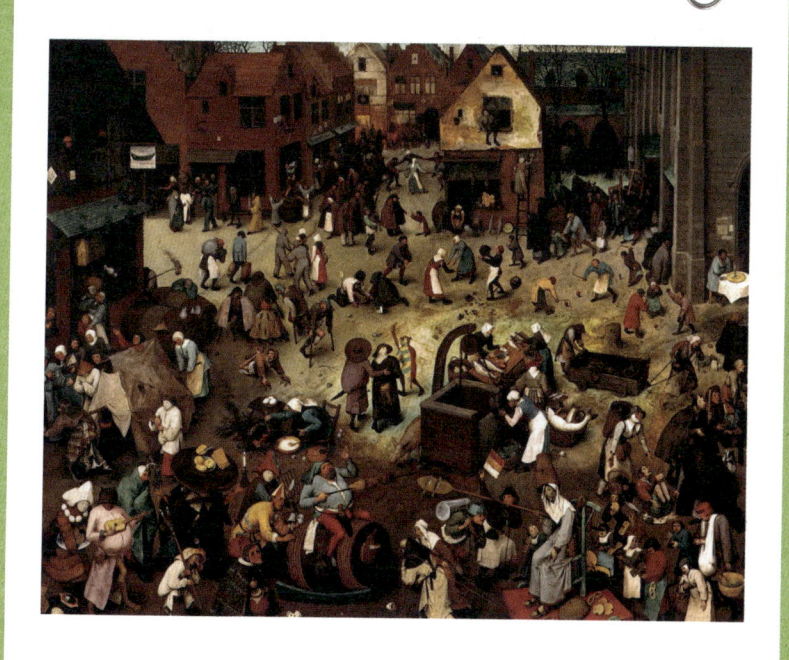

16世纪风俗画画家勃鲁盖尔的作品。狂欢节是四旬节之前的节日,四旬节是基督徒进行禁食与悔改的节日。当时城市里的人为了迎接禁食,举办了可以喝酒吃肉的狂欢节。庆典是忙碌的城市人生活中的必要因素,也象征着城市的自由与活力。在持续几天的庆典上,有话剧演出、足球与赛马等体育活动,也有烟花、杂技、游行和表演等。这幅画描绘的是狂欢节邻近结束时,一些人对此怀有迷恋,不愿离开,而另一方面苦行的修士和穷人已经开始行善。这幅画很好地展示了狂欢节与四旬节一触即发的对决场面,体现出庆典与宗教活动已经深入城市人的内心

当然，主导城市行政的仍然是富有的商人。通过纺织品、香料贸易等大规模的远程贸易积累了巨额财富的商人通过排他性组合行会给城市行政带来深刻的影响。相比之下，匠人不能成为商人主导的行会的成员或参与经营。即便匠人自己建立行会，也要受到商人或市政府的监督。虽然匠人在数量上占最大比重，但大部分匠人非常贫困，居住在郊区，主要是因为匠人或劳动者的工坊会散发奇怪的味道或产生噪声。城市中心是富有的商人居住的区域，他们的住宅大部分都是高层建筑，可以保管货物。

商业城市之间的联系

意大利小城普拉托的广场上立着一尊铜像，铜像的主人是出生于这座城市的著名商人亚西西的圣方济各。亚西西的圣方济各以纺织城市佛罗伦萨为据点经营商会，并在阿维尼翁、巴塞罗那、伦敦等欧洲各大城市设置据点开展经营，是典型的意大利商人。当时的大商人都会加入普拉托的市议会，以议员的身份参与政治。但亚西西的圣方济各铜像的左手拿着一沓汇票。汇票是当时商人最重要的文件。

当时的大商人已经不再像以前的商人那样带着自己的私有物品和巨额资金到处旅行，而是在一些主要城市设置

亚西西的圣方济各铜像与汇票

意大利商人代表亚西西的圣方济各（左侧）与汇票（右侧）。他手中的汇票可以将物品金额制作成文书，在交易国换成该国的货币，这相当于一种国际信用凭证

分行，雇用代理人，委托其购买货物、支付货款。以15世纪佛罗伦萨最具代表性的商人兼银行家美第奇家族为例，他们拥有毛纺织业以及钱币兑换和存款、贷款等业务。不仅如此，在阿维尼翁、布鲁日、日内瓦、伦敦、米兰、比萨、罗马、威尼斯都有美第奇家族的商会，在博洛尼亚、热那亚、吕贝克、那不勒斯、瓦伦西亚等地都有美第奇家族的代理人。经营商会的代理人通过邮寄制度，向远方的代理人转达详细的订单，报告资金情况。

携带巨额货币进行大宗商品交易，或是乘船、装船等，都有巨大风险。因此，当时的大商人选择了不去亲自面对危险,而是采用代金支付的汇票制度。他们通过派遣到主要城市的代理人处理汇票事宜,从而不用携带巨额货币漂洋过海,而只要在银行账户上写上相应的数额即可促成大宗交易。通过代理人制度与汇票制度,当时的商业城市与全球网络联系在一起。这与通过电子邮件和银行账户,在世界任何地方都能买卖商品一样。

城市的空气使人自由

"城市的空气使人自由"是一则德国俗语,集中体现了城市空间的特殊性。环绕着城市的农村地区受封建领主的统治,无论是身份还是经济上都不够自由的农奴只能定居在农村。他们向封建领主提供劳动以便维持生存,很难自由移动。他们还要向领主缴纳人头税等各种税金,必须在控制庄园的领主法庭上接受审判。但居住在城市的人则被认为是自由民。事实上,商人因为职业上的特殊性,不可能像农奴那样在某个地方定居,封建统治者也没有将他们束缚在特定土地上的想法。封建统治者承认商人的自由民身份,允许他们在某地区从事商业活动,保障他们的自由,这不仅增加了税收,而且给该地区的发展注入了活力。1242年,统治香槟地区的伯爵蒂博尔四世颁布了居住在自己领地中的城市人可以从农奴身份获得解放的特许令,保障了城市人的自由。

自由城市的魅力足以将周围庄园的农奴吸引过来。农奴们为寻找财富与自由,悄悄潜入城市,只要不被领主发现,他们在城市生活一年以上就可以摆脱农奴身份的限制,获得自由和权利。最初只有商人才能享受的自由,普及到了所有的城市人。

汇票上写着如下内容:"本交易商人 A 获得 xx 弗罗林,可以兑换巴塞罗那货币 oo 里拉,请在 20 日以内予以兑换。"商会从商人 A 处获得热那亚货币,支付给他汇票。商人 A 到巴塞罗那商会拿出汇票,获得巴塞罗那货币

但值得注意的是，雇用代理人和用汇票进行信用交易并不是意大利商人的专利。开罗的穆斯林商人也采用类似的经营方式，提供资本的人与前往海外购买商品或销售商品的代理人分享利润。

代理人还负责货物销售、仓储、金融、货物采购及托运业务等。开罗商人向印度洋对岸的印度西海岸城市派遣亲属或代理人，进行香料贸易和信用交易，我们可以通过保管他们当时信件的废书库得知这样的情况。

开罗也有与汇票制度类似的远程支付方式。一般情况下，这种汇票由大商人的代理人发行，提供这种汇票，可以即时得到兑付。由意大利商人发明的商业金融技术，其实很久之前穆斯林商人就已经开始使用了。

早期近代国家的形成

封建国家国王的权力不能影响到其国境之外的土地。公爵和伯爵等封建领主向国王宣誓效忠，在各自的领地范

废书库

犹太人会堂旁边保管文书的房间。犹太人认为破坏含有"神"字的文书等同于渎神，于是将这些文书保管在废书库。犹太人在私人信件末尾经常写上"愿神与你同在"等文字，这里也保管着很多犹太商人的信件。特别是在开罗这种气候干燥的地区，这些文件被完好无缺地保管了数百年。

围内享受独立的主权。一般百姓对国王也没有归属感和义务，而是对封建领主怀有义务和归属感。

以法国为例，从等级序列上来看，国王在法国享有至高无上的权威，但他实际上控制的土地不过是巴黎及其周边一小部分农村地区。直到发生百年战争的14世纪，英国国王都在法国拥有广阔的土地。仅从土地的面积来看，英国国王比法国国王治理更多的土地，但从等级序列上来看，英国国王的地位在法国国王之下。

为什么会发生这样的事情呢？统治着法国诺曼底地区的威廉公爵1066年攻占了英国，原本是法国国王臣下的他就成了统治英国的国王。此后，英国国王历代统治着法国诺曼底地区，同时作为法国国王的封建领主，在形式上效忠于法王。

英法百年战争使法国从封建国家走向了早期近代国家，这一点使该战争具有非常重要的意义。尽管中间经历了很多曲折，但百年战争的结果使法国国王占领了英国国王在法国的所有土地，法国的王权得到加强。这场战争旷日持久，使民众逐渐形成了自己不是封建领主所辖地区的民众，而是与法国国王站在一起的国民意识。战争还使得法国国王拥有了一支忠诚的常备军。以国王为中心的早期近代君主国家逐渐形成了（早期近代国家对外行使主权，对内对所有成员实行排他性的强制统治）。

在封建国家朝近代国家发展的过程中，城市起到了什么样的作用？城市虽然包含在封建领主的领地范围内，但实际在政治上脱离了领主的干涉，在城市的领导层与领主之间通常存在矛盾。从国王的立场上来看，城市获得自治权会使封建领主势力弱化，这对国王来说非常有利。所以法国国王腓力二世支持城市民众积极抵制领主，赋予向国王纳税的城市自治权，同时允许在城市生活一年以上的农奴成为自由民。

旷日持久的战争需要很多钱，城市可以起到给国王提供财政支持的作用。在百年战争期间，军队的主要武器从弓箭、长矛转变成大炮。国王为了向军队提供价格昂贵的武器大炮，需要很多钱，富有的城市居民向国王提供支持，从而提高自己的社会地位。城市人还作为民兵参加战争。法国的腓力二世在与英国的约翰王对决的战斗中获胜，也主要得益于民兵的支持。

城市选择支持谁，决定了国王与领主各自的悲喜。在法国，城市在确定王权地位的过程中起到了决定性作用，但在英国，城市并不支持王权，反而站在领主一边与王权对抗。英国城市的选择为英国议会统治奠定了基础。德意志与意大利的城市长期拒绝国王的统治，维持自治。德意志的自治城市更是通过对抗强调教理的教皇和皇帝，参与守护自由的宗教战争，获得了宗教选择权。

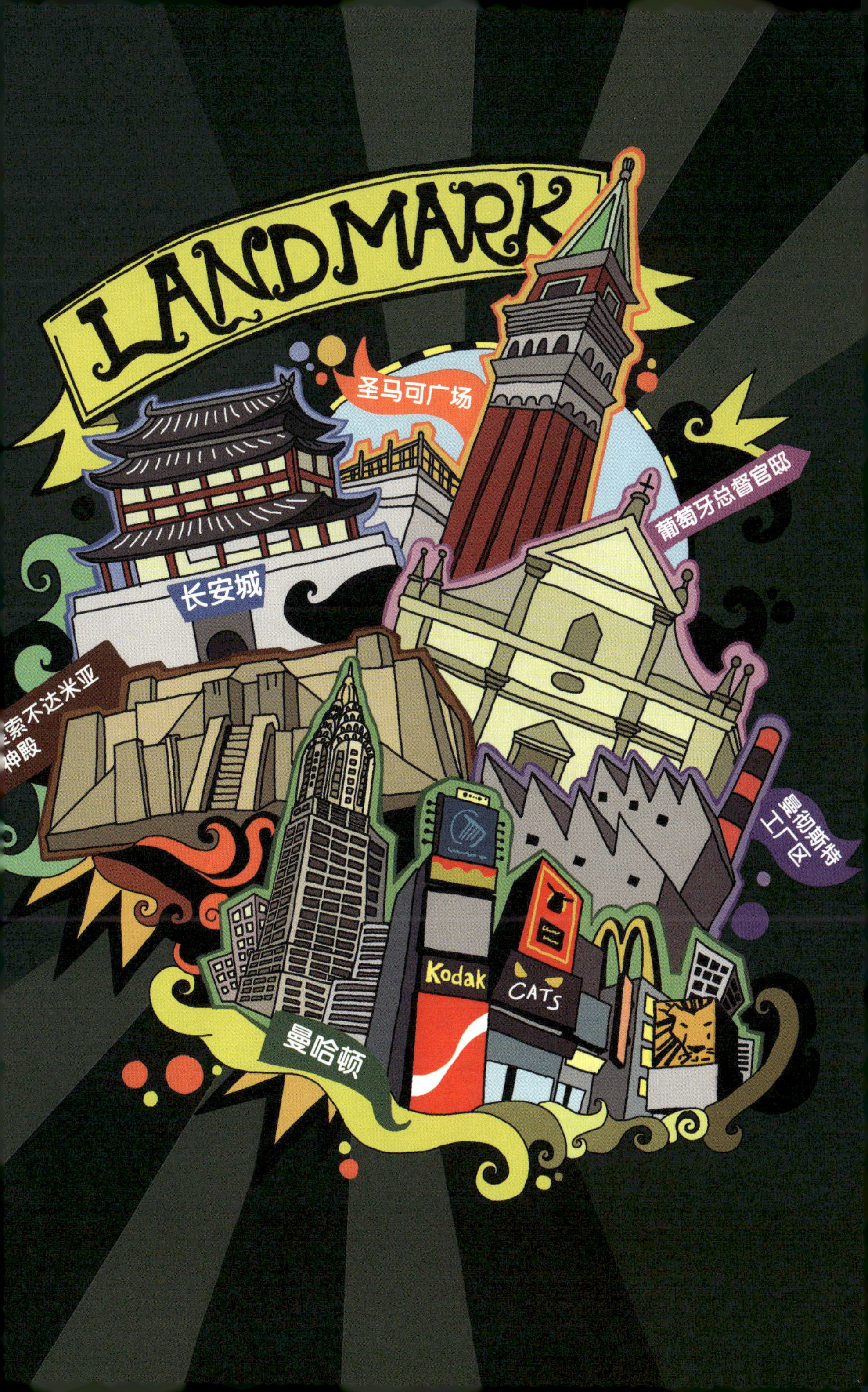
LANDMARK
圣马可广场
葡萄牙总督官邸
长安城
索不达米亚
神殿
曼彻斯特
工厂区
Kodak
CATS
曼哈顿

拓展阅读

14世纪欧洲最大的城市巴黎

巴黎是如何成为14世纪欧洲最大的城市的呢？公元前300年左右，被称为"帕里西"（Parisii）的部落在塞纳河的西岱岛上定居，形成了巴黎的雏形。公元前52年，巴黎被罗马占领，罗马征服者将其改名为"鲁特西亚"。450年左右，匈人王阿提拉侵犯高卢时，一位名叫日南斐法的圣女出现在巴黎，她鼓励巴黎民众不要逃走，留下来守护巴黎，幸而阿提拉军队掉转方向，风中残烛般的巴黎幸免于难。此后，日南斐法为巴黎做出了很大的牺牲，她成为巴黎的守护圣女。

巴黎成为欧洲重要城市的契机是987年法国国王于格·卡佩定都巴黎，巴黎由此成为贸易、教育和政治中心。12世纪，腓力二世为抵御外敌侵略，修建

了卢浮宫城墙和巴黎圣母院等世界性建筑。

大学的出现使巴黎变得有名起来。12世纪，巴黎教堂附属学校在学术上声名鹊起后，欧洲各地的学者

在巴黎大学讲学的马修·亚玛希

图中画的是马修·亚玛希在巴黎大学讲学,以及与教皇论辩的场面。博洛尼亚是以学生为中心创建的大学,而巴黎大学则是以教授为中心创建的大学。巴黎大学是由巴黎大教堂附属学校发展而来的,聚集在巴黎的学者们受教会许可开始教授学生。巴黎大学的神学家们认为自己的见解与正统教义不同的时候,就会毫不犹豫地与教皇展开争论。亚玛希也是在教授正统天主教教义与神学时,被当作了异端

纷至沓来。进入13世纪之后,巴黎大学有了自治权。1215年,在国王与教皇的支持下,巴黎大学创建,以塞纳河一带为中心,形成了学院区。1257年,索邦学院创建。

随着大学扩张、学生聚集，依存于大学的书商、羊皮纸制作商、书吏以及制本商人也聚集至此。雕塑家、画家和面包师等也使巴黎变得有名。据推测，当时约有20万人生活在巴黎（当时英国最大的城市伦敦在200年后人口才超过20万）。14世纪的巴黎是学问与知识的中心，也是主导欧洲文化的城市。

拓展阅读

中国的商业城市开封

　　城市文化最发达的地方当然还是中国。开封位于大运河的交叉点，自古以来就是东方最大的商业城市，北宋时期定都开封，使这里得到了更大的发展。据估计，这里生活着 130 万人左右，还是冶铁业的中心。

　　开封与长安最大的差别在于开封打破了被称为"坊"的网格型格局。长安城有纵横交错的街道，街道之间有用小城墙围起来的居民区——"坊"。在街道上完全看不到坊内的住宅与人。而宋的都城开封没有"坊"。平民可以在任何地方盖屋建房，还可以把大门开得朝向大路。开封也没有东市、西市，大街上到处都是商店、饭店与酒店，甚至在运河的桥上也开有商店。如果说长安的朱雀大街是举行皇

《清明上河图》(局部)

翰林学士张择端绘制的《清明上河图》的一部分,描绘的是开封[1]繁华的虹桥附近的风景。这幅画再现了当时世界上最大城市之一开封人声鼎沸的市场面貌与街头景象

家仪式的最庄严的空间,那么开封的北部大街则是开封城最繁华的商业街。

　　开封的商业活动彻夜不休,城市商业活跃。965年,宋太祖下诏令开封府三鼓以后的昼市不禁,商业买卖也不再限制时间。开封的繁华场所是瓦肆,里面有药店、饭店、卦摊、剧场、酒店等。剧场里终日上演歌曲、木偶戏、杂技、摔跤、相声、猜谜等各种娱乐,使人们流连忘返。

---

[1] 开封在北宋时期被称为汴京。——编者注

贸易城市

十字军东征扩展了东西贸易，使欧洲商业城市更加繁荣。但控制地中海的奥斯曼帝国阻挡了欧洲东方贸易的要道，因此欧洲只好去寻找通往东方的新航路。15世纪中叶以后，位于地中海西端、被排除在香料贸易之外的西班牙和葡萄牙，积极开拓新航路。哥伦布在西班牙女王的支持下到达西印度群岛，达·伽马绕过非洲的好望角到达印度西海岸。麦哲伦和他的船队横渡太平洋，完成了首次环球航行。

随着海上贸易的发展，欧洲人占领了美洲与亚洲地区的沿海城市，发展成为可以进行商品交易的贸易城市。与商业城市主要聚焦商业并提供商业相关服务不同，贸易城市则地处交通要道，主要促成国际贸易的活跃往来。

15 世纪，从事海上贸易的商人以容易来往的港口为中心，使其发展成为贸易城市。

该时期的贸易城市主要是欧洲人占领的进军亚洲的据点，他们通过这种方式构建了自己的管理体系，形成了一个比商业城市范围更大的网络，这是其与周边城市相互作用的结果。以该时期为起点，亚欧大陆与美洲形成了全球网络，对整个地球产生了影响，也使各大洲之间发生了相互关联。大历史将全球网络的出现视为一个大的转折点，贸易城市就是大转折点出现的网络的连接点。以往的城市构建的网络与其他地区的网络相互联系，构成了复杂而巨大的网络。

曾是欧洲殖民地的贸易城市具有以下几个特点。欧洲人为了防止当地人的攻击，修建了要塞，并修建了很多有利于管理的建筑物，还在贸易城市开展各种传教活动，例如派遣传教士传播福音等。因此，在贸易城市中出现了当地文化与欧洲文化融合的情况。

贸易城市的形成

15 世纪中期以后，欧洲开启了新航路的时代。欧洲人对东方的兴趣与好奇心因马可·波罗的《马可·波罗行纪》等游记而与日俱增。在科学上，地心说逐渐深入人心，中国的罗盘传入欧洲，天文学、地理学以及造船术的发展使得远程航海成为可能。此外，枪炮制造技术的发展使人们在海战中可以使用火炮，也使欧洲人更容易向海外进军。

恰逢此时，欧洲封建社会解体，形成了统一的中央集权国家。新航路的探索与发现需要巨额资金，需要有承担失败的能力，这种情况呼唤强有力的统一国家的出现。当时，在开拓新航路中最积极的国家是西班牙与葡萄牙。

当时经济最为繁荣的威尼斯与汉萨同盟的城市没有必要寻找新航路。英国与法国也在一定程度上受惠于地中海与北海的贸易，因此没有急迫地寻找新航路的必要。而被地中海贸易刺激的西班牙与葡萄牙的立场却截然不同。

它们早早形成了中央集权制国家，为了获得殖民地而将目光投向海外。西班牙在 15 世纪末致力于进入美洲。葡萄牙致力于开辟印度航路，于 1517 年经过马六甲海峡到达中国广州近海（菲律宾因为麦哲伦的航行成为西班牙的殖民地，巴西因为佩德罗·阿尔瓦雷斯·卡布拉尔开辟的航路成为葡萄牙的殖民地）。它们以各自占领的殖民地为

汉萨同盟
德意志北部城市间结成的商业、政治同盟。"汉萨"（Hansa）原本是欧洲很多国家的城市商人团体，这样的组织广泛存在于 12—13 世纪。

葡萄牙航海纪念碑

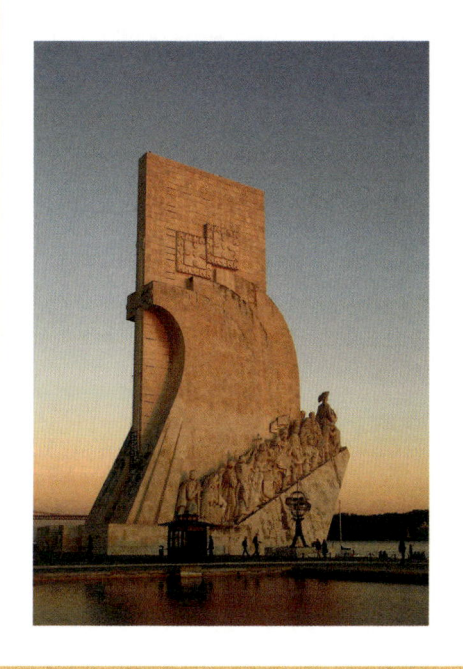

矗立在葡萄牙里斯本的葡萄牙航海纪念碑。主导葡萄牙海洋霸权的人是被称为"航海王子"的恩里克

据点，形成了贸易城市。

欧洲商人在以贸易城市为中心的海路贸易网络扩张过程中起到了至关重要的作用。1500—1800年，中国与印度商人控制了亚洲的大部分贸易。欧洲人征服了美洲大陆，然后带着美洲的白银与亚洲进行商品贸易，构建了一个几乎遍及全球的贸易网络。该时期，欧洲人通过与非洲

或美洲殖民地的贸易，在大西洋沿岸建立了庞大的贸易体系。但从大西洋贸易中获得的奴隶、白糖和棉花再多，也满足不了欧洲人对亚洲商品的欲求。因此，为了获得亚洲的商品，欧洲人开始积极征服亚洲各地。

欧洲商人与军人受政府支持，将美洲也纳入了以往亚欧大陆的网络。全球网络的形成，不仅促进了不同文明之间的交流与接触，也使世界紧密地联系在一起。因此，在大历史中，贸易城市的形成是一个重要的转折点。

对贸易城市的形成起到重要作用的是白银的流通。从16世纪开始，最早的全球商品白银在全世界范围内进行交换，起到了促进全球网络形成的重要作用。在该时代，最值得注意的是所谓的"马尼拉邮船贸易"。1521年，麦哲伦一行来到菲律宾，使菲律宾成为西班牙300多年的殖民地。自16世纪下半叶起，西班牙殖民统治者将马尼拉当作行政和商业中心。为防御本地人袭击，他们修建了只供自己居住的城市王城区。马尼拉作为西班牙的殖民地，承担着西班牙进军亚洲的前哨基地的作用。西班牙以马尼拉为据点，用在美洲获得的白银购买东亚和中国生产的商品。此后，该航路在约250年的时间里成为连接亚欧大陆

菲律宾
菲律宾这个国家是以当时西班牙国王腓力二世的名字命名的。

马尼拉大帆船贸易

16世纪之前,菲律宾以氏族族长为中心,50~100户组成一个村落生活,大体没有脱离古代社会的模式。直到1521年,麦哲伦一行到达菲律宾后,西班牙人认为菲律宾是最合适的贸易基地,进而开始了真正的殖民化进程。大部分商人要想来往于大西洋,必须借助西班牙的港口城市塞维利亚和古巴的哈瓦那,或者使用一年往返于马尼拉与墨西哥一到两次的马尼拉大帆船。中国明朝生产的丝绸、瓷器、香料和墨西哥、秘鲁出产的白银都在马尼拉港进行交易。通过马尼拉贸易,西班牙商人可以获利1~3倍。西班牙人与墨西哥人开始在菲律宾定居,与菲律宾原住民混血。这条航线在250年内成为贸易与文化交流的重要舞台。

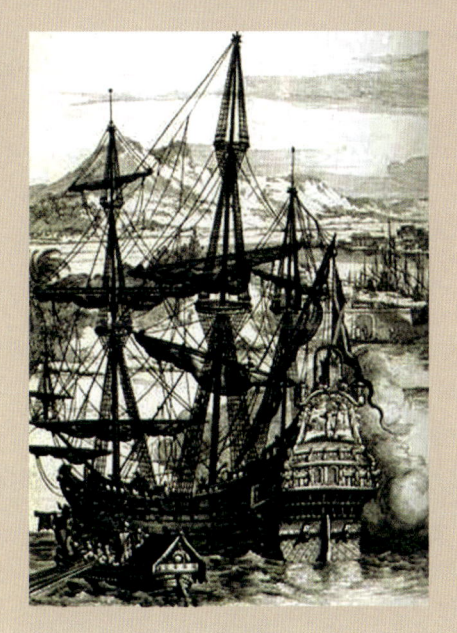

西班牙的盖伦帆船

与美洲的国际网络的中心航路。

接下来，我们来看看因葡萄牙开辟印度航路而建立的贸易城市。葡萄牙航海者达·伽马于1497年带领4艘船共计170多名水手，从里斯本港口出发，绕过非洲南端的好望角，1498年到达印度的科泽科德，开辟了印度航路。

此后30年的时间里，葡萄牙人派遣武装舰队，占领了印度本土的果阿邦、波斯湾的霍尔木兹海峡以及东南亚的马六甲等地，将其变成要塞，并修建了科泽科德、果阿、科契和加尔各答等贸易城市。

白银的城市

波托西是西班牙人于1545年在赛罗里科山发现了银矿后而建的。波托西的白银经哈瓦那穿越大西洋被运到塞维利亚。另外，在波托西开采出来的白银中，有一部分经由墨西哥的阿卡普尔科港口，穿越太平洋到达菲律宾的马尼拉。

17世纪下半叶，波托西的人口超过20万，拥有86个教会以及20多个教堂，是世界上最富有的城市之一。

"波托西"这个城市的由来如下。1462年，印加帝国的一个牧童在山上寻找丢失的羊，偶然发现了银矿。当他正想挖掘银矿时，天上传来"波托西"的声音。"别动！这不是你们的东西！它们属于你们的后来者！"牧童向国王报告说他听到了"波托西"的声音，该城市由此得名。正因为这个传说，100年后，西班牙侵略者到来的时候，当地人没有任何抵抗就向他们投降了。

马六甲

1402年左右，来自苏门答腊岛的拜里米苏拉王子在马来半岛西部海岸建立了马六甲王朝。15世纪初，该王朝国王改信伊斯兰教，穆斯林开始频繁来往于该地区。随着马六甲王朝成为海上贸易的中心，它在传播伊斯兰教方面发挥了非常重要的作用。马六甲王朝的港口成为将香料运往欧洲的重要据点，葡萄牙征服马六甲王朝获得的经济利益远远大于其构建的新国际贸易网。16世纪初被葡萄牙占领的马六甲在17世纪中期成为荷兰的殖民地

当时葡萄牙人模仿里斯本修建了果阿。果阿一度生活着20多万人，被称为"黄金村庄"。此后，果阿于1961年才被并入印度，受葡萄牙殖民的影响，当地40%以上的人是天主教徒，他们的服装、饮食和生活习惯都是欧

> **加尔各答**
> 该印度城市 1995 年改回其传统名称 Kolkata，但许多人仍沿用其旧名 Calcutta。

化的。葡萄牙人意识到，要想独占香料贸易，必须进军印度以外的地区，于是他们将下一个目标定为马六甲。位于马来半岛西部海岸的马六甲不仅是中国、印度、阿拉伯商人，而且是欧洲商人云集的东西方贸易中心。1511 年，葡萄牙人阿尔布克尔克带领 18 艘帆船与 1 400 名军人攻打马六甲。

15 世纪，马六甲成为海上贸易的中心，一度繁荣，最终被葡萄牙占领。此后，为了独占香料贸易来到东方的荷兰、英国等西方人将这里变成了角斗场。如今，在

> **白银帝国的移动**
> 在美洲，特别是在波托西发现的大量白银跨越太平洋传播到全球。金银来到欧洲，使西班牙 100 年来的物价上涨了约 4 倍。在英国，由于工资上涨速度低于物价上涨速度，导致劳动者生存艰难。此外，中国将白银作为法定货币，该时期，大量白银流入中国。16 世纪 70 年代，中国将所有税收统一为白银。当时日本铸造了与朝鲜进行人参交易的特别银币。白银与丝绸、黄金、人参等贸易商品产生了密切的关联，也越过大西洋和太平洋，形成了遍及世界各地的经济网络。

长崎蛋糕是随着长崎港开放由葡萄牙传教士传入日本的。卡斯蒂利亚王国的点心传到葡萄牙,然后传到日本,成为长崎蛋糕

马六甲,伊斯兰与葡萄牙文化并存,中国与马来当地文化融合,峇峇娘惹的食物等各种文化得到传播。

1543年,准备前往中国的葡萄牙人漂流到了日本的种子岛,他们带去了火枪与火药,后来耶稣会传教士圣方济各·沙勿略传播了基督教。1570年,长崎修建了玻璃厂,葡萄牙人以澳门为据

峇峇娘惹

中国明朝时期移居到马来半岛的矿工、船夫等与马来女性结婚,并在此定居下来。中国男性被称为"峇峇"(Baba),马来女性被称为"娘惹"(Nyonya),合成词即为"峇峇娘惹"(Baba Nyonya),也被称为"Peranakan"。峇峇娘惹文化对马六甲特殊的衣食住风格的形成产生了重要影响。

点与中国和日本开展贸易，但 16 世纪中叶以后，日本开始镇压基督教、控制贸易，只有荷兰以不开展传教活动为条件，持续与日本进行贸易。因此，长崎地区至今仍留存着很多受欧洲影响的建筑物、历史与饮食等特殊的文化。

要塞城市

15 世纪中叶以后，由欧洲人在亚洲与美洲建立的贸易城市都具有显著的特征，首先是这些城市被建设成了要塞。在要塞化的城市里，欧洲人以早期近代武器为基础，强制占领据点城市。欧洲人为从本国获得军队支持，也为了贸易的便利，占领沿海城市，并将其建设成要塞，还与地方统治者签订协定。最初贸易城市形成之时，城市的防御功能是人们主要考虑的事项。以西班牙为例，其在菲律宾的重要对手是欧洲的荷兰、葡萄牙，它们之间展开了激烈的竞争。

菲律宾马尼拉历史最悠久的地方是王城区，这里被帕西河与马尼拉湾环绕，战略位置优越。1570 年左右，第一位菲律宾总督莱加斯皮将这里定为菲律宾的首都和西班牙在菲律宾的统治中心。环绕着城市的城墙始建于

圣地亚哥城堡与卡塔赫纳城堡

位于菲律宾马尼拉的圣地亚哥城堡（上）是西班牙人为了保护自己而修建的城堡，菲律宾人被强制参加劳动，该城堡于1571年开始施工，历经15年才得以竣工。位于哥伦比亚的卡塔赫纳城堡（下）1533年由西班牙人修建，是美洲与欧洲贸易的重要城市

1573年，城墙环绕着64公顷[1]土地，厚2.44米，高6.7米。

1　1公顷=10 000平方米。——编者注

INDIA

王城区内有圣地亚哥城堡、总督府、马尼拉大教堂以及很多学校、医院等重要建筑,城内只允许西班牙统治者居住,而菲律宾原住民不得不在城外过着艰苦的生活。

西班牙人在美洲征服地建设贸易城市,特别是位于加勒比海或太平洋沿岸的古巴哈瓦那、墨西哥的阿卡普尔科、哥伦比亚的卡塔赫纳等贸易城市都成为要塞化的港口城市。大部分早期的征服地都位于沿海,因为西班牙人认为这些地方是良好的港口和防御之地。

在美洲的贸易城市中,最主要的特征是环绕着城市中心广场形成的直角格子形的交错网。这种城市形态非常有利于统治。市政府、总督府建筑、天主教会等主要设施与

新加坡

1819年,在马来语中意为"狮城"的新加坡,还只是个小渔村。但英国东印度公司的雇员莱佛士与柔佛苏丹缔结了建立英国交易所的条约,将新加坡开发成为国际贸易港,新加坡发展成为贸易城市。港口建成,道路、金融、教育设施完备的新型城市的建设与自由贸易保障,吸引各国商船前来,新加坡也快速发展成为亚洲的贸易中心。1869年,苏伊士运河开通后,东西往来的船舶数量大幅增加,新加坡的重要性凸显。1824年时人口只有约1万的新加坡,到1869年剧增到约10万。

新加坡夜景。新加坡从一个小港口发展成为一座世界闻名的大都市,是名副其实的城市国家。

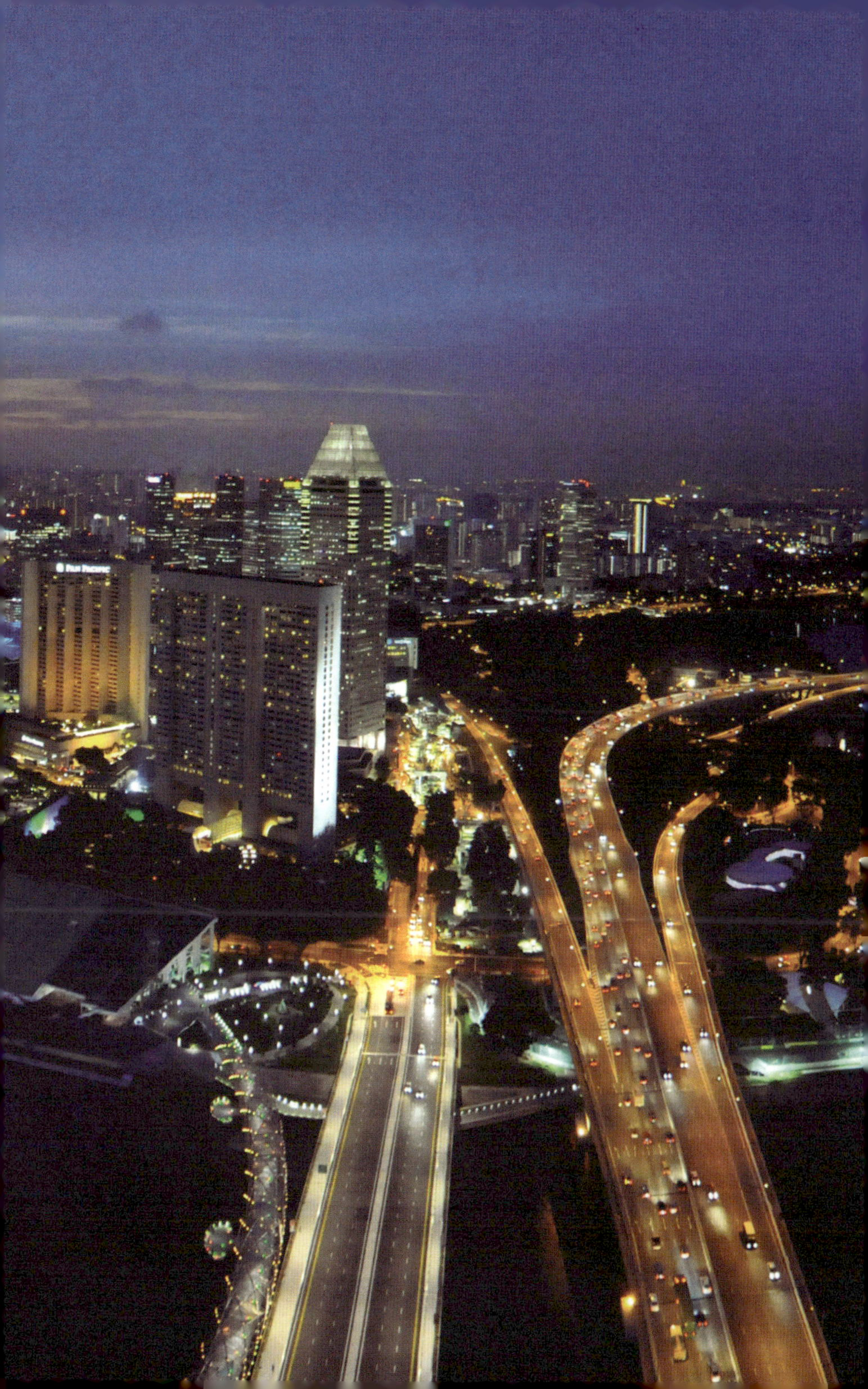

商店都建设在中心广场周围。西班牙居民住在市中心周边地区，他们的住宅基本上都是拥有外墙和封闭庭院的防御型结构，而原住民的住房则主要位于城外。

要塞化的贸易城市也出现在印度。城郭要塞主要修建在邻近港口的地方，要塞包括防御设施、白人士兵与军官的兵营、小型教会与教育机关。位于要塞内部的工厂负责加工和保管要运往欧洲的农业原材料。因此，要塞不仅是军事要地，而且是殖民贸易的中心。要塞的外围地区人口密集，卫生状况较差，村落没有规划性，这里主要是原住民的村落。

1511年，葡萄牙人占领马六甲，因资金不足，他们没有大量占有土地，而是选择在占领地修建要塞。他们在城市周边筑墙，在上面放置大炮，修建供总督居住的府邸；向过往船只征收10%的货物税，另外还追加征收2%的要塞修建费用。要塞建成后，安全得到了保证，贸易商人开始修建工厂、仓库及住宅，耶稣会及其他天主教传教士来这里传教。后来，西班牙、英国、荷兰、法国征服者也陆续来到这里。

通过很多事例，我们可以看出，今天印度、东南亚及美洲的大城市大部分出现在欧洲通过海上贸易达到繁盛之时。欧洲人占领了美洲与亚洲地区的沿海城市，将其建设成为贸易城市。为了抵御当地人或其他国家的攻击,他们在占领区修建了要塞,还修建了有利于统治的建筑物。

基督教的传播

　　欧洲人来到亚洲的理由是"寻找3G"。"3G"指的是"Glory, Gospel, Gold",分别是支持海上探险的国王及王室的荣光"Glory"、向异邦人传播神的旨意"Gospel",以及获得财富"Gold"。由此可见,欧洲人在开拓殖民地时,将"贸易"与"传教"当作两个重要的目标。因此,我们有必要分析一下该时期的贸易城市中体现的宗教内容。现在,我们通过沙勿略在贸易城市传播基督教的活动来了解当时的传教情况。

　　沙勿略出生于西班牙,在巴黎大学学习神学,1541年被教皇授予印度教皇大使资格,朝印度果阿进发。到达果阿13个月后,沙勿略在这个葡萄牙香料贸易的据点

圣方济各·沙勿略的传教活动
沙勿略先是被派遣到印度,后于1549年首次被派到日本传播基督教。

开始了经书的翻译。沙勿略以贫穷的渔夫为对象开展传教活动，有2万人接受了洗礼，他通过当地人将基督教教义翻译成当地语言，并通过小册子进行广泛传播。这种传教方式效果很好，此后他在日本传教时也采用了同样的方法。

在印度传教获得自信的沙勿略前往马六甲，在那里从事了3年的传教活动。沙勿略以此为据点，试图将传教活动扩展到中国和日本。沙勿略在马六甲通过一个日本人下定了前往日本传教的决心，他获得了在果阿的葡萄牙总督的许可，于1549年前往鹿儿岛传教。

沙勿略在日本大约生活了两年，在这段时间里进行传教活动。大部分大名对传教士带来的西方文化表现出了好奇心，也有的考虑到经济利益而接受了基督教。特别是织田信长，他为了遏制敌对的佛教势力的发展，对

火枪传到日本

火枪也被称为"鸟铳"，意为"可以打下天上的鸟"，在1543年由葡萄牙商人传播开来。1543年，葡萄牙探险家平托一行遭遇暴风雨，到达了日本九州岛南端的种子岛，他们最早将火枪带到了日本。30年后，织田信长在长篠之战中使用了这一史无前例的"三段击"火枪射击战术，打下了统一战国的基础。此后，丰臣秀吉带领火枪部队统一了混乱的战国时代，并侵略朝鲜半岛。

出岛

日本长崎的出岛是江户幕府1634年为禁止基督教传教活动而修建的人工岛。这里是收容在日本传播基督教的葡萄牙人的"监狱"。日本幕府的意图是与葡萄牙进行贸易，但要防止基督教的传播对其统治造成威胁

基督教很友好。基督教在各大名的领地上建起教堂、学校和医院，得到广泛传播。

但江户幕府认为基督教的宗教思想不利于身份秩序与幕府体制的维持，于是慢慢开始打压、禁止传教。基督

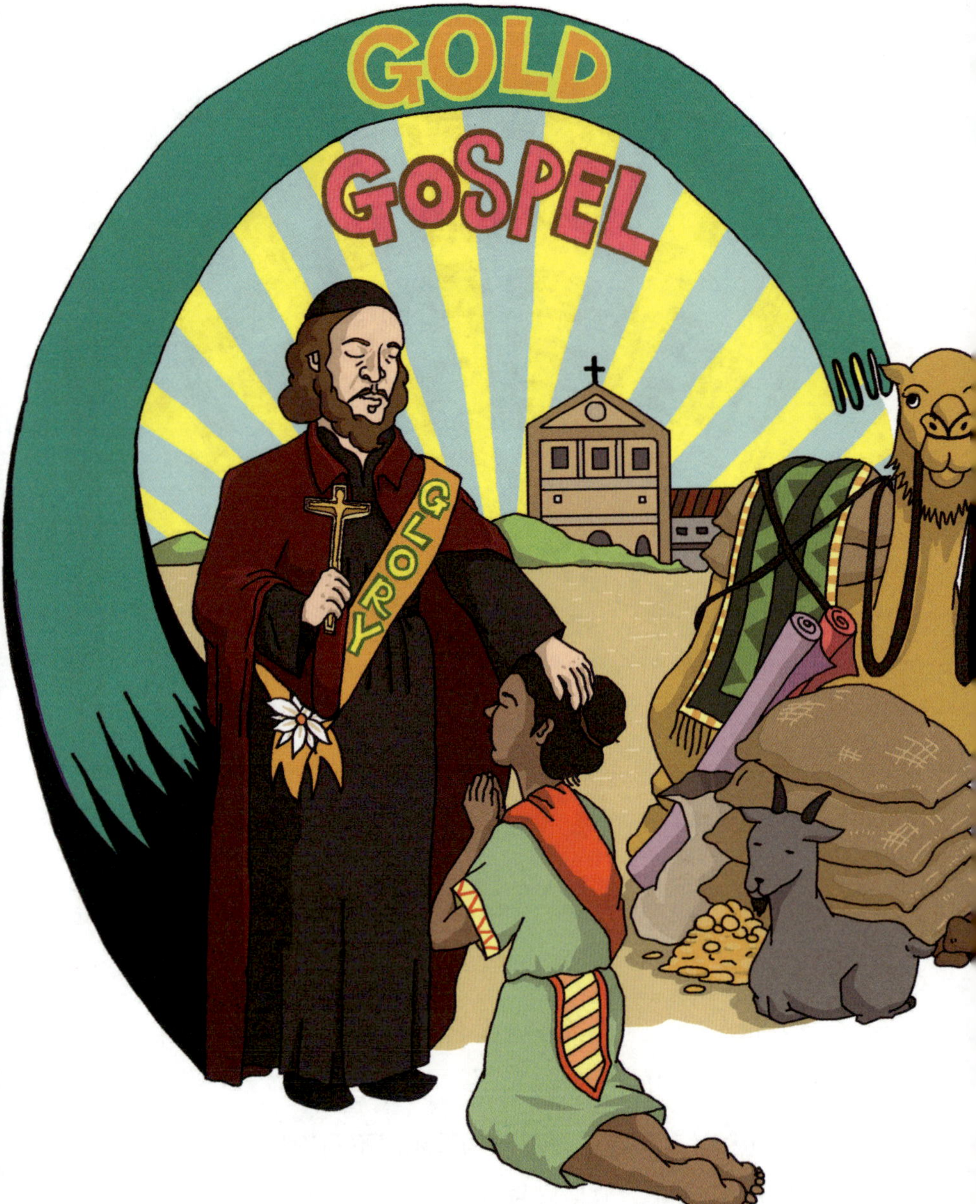
GOLD
GOSPEL
GLORY

徒受到迫害，1613年还发生了外国传教士被遣返的事件。1637年，因镇压基督徒与赋税剥削，岛原起义爆发。政府为了根除基督教，加大了镇压力度，断绝了与葡萄牙之间的一切交流。

此后，日本以禁止传教为前提，与荷兰开始了新的贸易往来。荷兰商人带来了枪炮、医学、天文学等西方技术与学问，还不断传播欧洲的历史。从荷兰传播来的学问被称为"兰学"，它确立了近代日本的理念基础。长崎成为西方知识的中心，日本知识分子络绎不绝地来到这里。19世纪初，日本的兰学家超过了1 000名。

1551年，回到印度果阿的沙勿略开始关注中国，他认为要想在日本获得传教的最后胜利，需要在中国也进行传教。但他没有实现既定目标，最终病逝。

为了将基督教从印度传播到马六甲、日本，沙勿略付出了很大努力。此后，教会为了在贸易城市传教，不停地派遣传教士。因此，在贸易城市建立了很多教堂、学校、医院等西式建筑，很多人改变了宗教信仰。

当然，也有人将其当作侵略者的宗教，宗教矛盾不断。像印度通过穆斯林商人的贸易发展起来，使伊斯兰教获得发展一样，欧洲人也通过贸易城市，使基督教得到广泛传播。

文化混杂与社会变化

接下来分析 15 世纪之后修建的贸易城市中所体现的社会变化。西班牙人初到菲律宾时，人们都分散住在各自的村落里。这些村落由 50~100 户组成。他们住在用竹子或草做的窝棚里，用棉或亚麻布做衣服穿。

但从 16 世纪开始，在西班牙对菲律宾长达 3 个世纪的统治中，西班牙的政治、经济、宗教、文化等传播到菲律宾，当地的最高统治者是西班牙总督。总督作为国王的代表，掌握实权，也参与宗教事务，任命神职人员。总督可以向别的国家宣战，也可以与别的国家签订和平协定。总督甚至可以拒绝来自西班牙本国的法律或国王的敕令。以总督为中心，形成了少数西班牙人统治当地人的社会结构。

他们在政治上占据主要官职，拥有大庄园，统治 500~1 000 名下人。到 19 世纪末，从西班牙派到菲律宾的所有官吏、神职人员与军人加起来从未超过 5 000 人。尽管他们人数不多，但菲律宾文化遭到无视，而西班牙的法律、行政、教会以及语言却得到广泛传播。西班牙人与菲律宾人通婚也比较普遍。菲律宾成为东南亚乃至亚洲唯一一个天主教化、欧洲化的国家。

一方面，西班牙到美洲贸易城市的统治阶层大部分是在本国出生的西班牙人（半岛人）和在美洲殖民地出生

的西班牙人（克里奥尔人）。他们独霸政治权力，大部分拥有很多土地，并通过天主教会享受文化与教育的福利。克里奥尔人也是西班牙人，却因为没有出生在本国而受到歧视，这使他们对半岛人与本国政府产生了反感，这些差别待遇与反感最终成为独立运动的导火索之一。

西班牙人为了控制美洲的经济命脉，特别制定了监护征赋制（Encomienda）。该制度不仅允许贵族与军人拥有大量土地，而且允许他们对当地原住民拥有实际上的支配权。也就是说，他们可以接受原住民的进贡，也可以让他们当奴隶。由于他们拥有实际上的司法权，该领地上的原住民实际上无异于奴隶或农奴，因此即便西班牙人行使暴力或杀人，也是不会受到追究。

进驻印度果阿的葡萄牙人与当地人结婚是得到鼓励的。结果产生了葡裔印度人，他们虽拥有印度人的血统，但信仰基督教，拥有欧洲式的思维方式。他们成为商人或专业人士，遍布印度各地，形成各种利益共同体，有时还参与剥削与奴隶贸易。

这些问题也出现在马六甲和槟城等马来半岛的贸易城市里。马来半岛在相当长的时间里受中国、印度、伊斯兰文化的影响，但从15世纪末开始，葡萄牙人、荷兰人、英国人纷至沓来，当地人开始接受欧洲文化的影响，形成了独特的混杂文化。在马六甲，教堂替代了清真寺，因国际婚姻而诞生的混血儿占城市人口的大多数。当时，从事贸易的外国人和当地人结婚生子，他们的孩子被称为峇峇娘惹。他们有的是中国血统，有的是阿拉伯、印度和欧洲血统。他们学习英语，穿着欧式服装，改信基督教，喜欢网球或板球。峇峇娘惹文化对马六甲特殊的衣食住风格的形成产生了重要影响。

峇峇娘惹婚礼

峇峇娘惹在马来语中意为"在当地出生",他们是外国父亲与当地母亲所生的混血儿

　　以葡萄牙人为首的欧洲人来往于日本,给日本带来了异国文化。据葡萄牙传教士刘易斯·弗洛伊斯记载:"在京都,不身着葡萄牙风格的衣服或使用葡萄牙风格的器具,甚至不被当成人看待。很多大名穿戴着西式外套、帽子、衬衫和裤子。"此外还记录了"丰臣秀吉喜欢吃鸡蛋

京都先斗町

这是曾经长期作为日本首都的京都繁华的商业街景象，先斗町意为"狭窄的道路"，该词来源于葡萄牙语中的"ponta"

与牛肉，穿葡萄牙风格的服装"。（但此后当大名强制要求部下改宗，传教士与改宗者烧毁佛教寺院与神道祠堂时，丰臣秀吉开始下令禁止基督教。）

15世纪以后，欧洲人所到的贸易城市，形成了本国文化与殖民地文化混杂的现象。从宗教上来看，改信基督

教的当地人大幅增加，国际婚姻产生的混血儿享受富裕的经济生活，甚至成为社会的统治阶层，但他们的身份认同混乱。另外，在服装和饮食等方面，欧洲生活方式与当地文化融合，形成了独特的文化。

贸易城市混杂文化的产生，源自全球网络的形成带来的多样性与相互关联程度的不断增强。混杂文化出现后，城市的复杂性也与日俱增。新群体的出现，要求制定新的法律与制度。特别是他们作为征服者的后裔，在社会上处于有利的地位，这样的社会变化引起的认识变化在工业化之后一直存在，成为全球文化扩展的基础。

拓展阅读

郑和航海

　　1498 年，达·伽马的舰队到达了非洲最南端的好望角，然后到达了印度的加尔各答。16 世纪初，葡萄牙人占领了马六甲，出现在中国沿海附近，在东南亚开始站稳脚跟。但其实比他们早约一个世纪，中国的郑和率领的舰队就已经到过今天的东南亚一带及印度洋附近，还到过波斯湾及非洲东海岸。其规模与航程都令人惊叹不已。

　　郑和 1371 年出生于云南省，他是回族，明初入宫做宦官，从燕王起兵，获赐"郑"姓。永乐三年

郑和下西洋
郑和利用海路到达了东南亚，还前往非洲肯尼亚，带回了长颈鹿等动物。

《瑞应麒麟图》

郑和从东非带回长颈鹿献给永乐帝，当时的中国人以传说中的神秘动物麒麟为其命名

（1405年），他受明朝皇帝永乐帝的命令，率领舰队远征探险。远征队的主要目的是向全世界展示明朝的威力，并与一些还没有向明朝进贡的国家的开展朝贡贸易。

1405年郑和率队第一次远征时，其船队的规模、随行的船员数量以及航行时间，都远超1497年达·伽马所率领的。他们所到的地方有今天的柬埔寨、泰国、爪哇岛、苏门答腊岛、斯里兰卡、印度的加尔各答等。

在28年的时间里先后7次远征的郑和到达各国时,都邀请当地使节团访问中国,让他们与中国进行交流。远征队经过印度与阿拉伯半岛,来到非洲东端,访问了30多个国家和地区,通过郑和下西洋,与明朝开展朝贡贸易的国家大幅增加。以此为契机,在东南亚地区形成了华侨社会。

1433年,郑和于归国途中病逝。后来,明朝中断了海外远航,将精力放在对内统治上。明朝对东部沿海时常出没的倭寇采取海禁政策,禁止与外国进行贸易与海外航行。明朝之后的清朝初期也维持海禁政策,海路不再是商人自由的贸易之路。后来,中国逐渐失去了海洋强国的地位,成为一个闭关锁国的国家。如果明朝永乐帝之后中国一直保持世界最高水平的造船术与海军实力,那么日后东西方的历史将被改写。

拓展阅读

麦哲伦与
酋长拉普拉普

对于欧洲人来说，麦哲伦的航海首次横渡大西洋与太平洋，证明了地圆说，但对于菲律宾人来说，这是压迫与剥削的开始。

1521年，麦哲伦一行到达了菲律宾的宿务岛。他们说服了宿务岛领主胡马波纳向西班牙国王卡洛斯一世效忠，让400多名当地人受洗（西班牙多明我教会所属的修道士也与麦哲伦同船到达菲律宾，这次航海是传教士首次在菲律宾传教）。在宿务岛传教与结盟成功后，麦哲伦一行开始将目光投向周围的麦克坦岛。麦哲伦为了讨伐麦克坦岛上的拉普拉普的部族，带领30多名士兵前往该岛，但拉普拉普的部族拥有1 500多名经过训练的战斗力强悍的士兵。在与拉普拉普的战斗中，麦哲伦丧命。此后，拉普拉普成为菲

麦哲伦纪念碑与拉普拉普铜像

麦哲伦在宿务岛登陆,想要传播基督教,但遭到麦克坦岛酋长拉普拉普的抵抗而殒命

律宾反抗侵略者的象征。

像麦哲伦这样在将基督教传到欧洲以外的大陆时,因不尊重当地文化与民族信仰,导致相互之间产生矛盾的情况很多。

从同样的脉络来看,美国为了纪念哥伦布到达美洲,将10月12日定为"哥伦布日"。在委内瑞拉和其他美洲原住民聚居区,为谴责因哥伦布而引发的对原住民的虐杀行为,将这一天定为"原住民抵抗日"。

5 工业城市

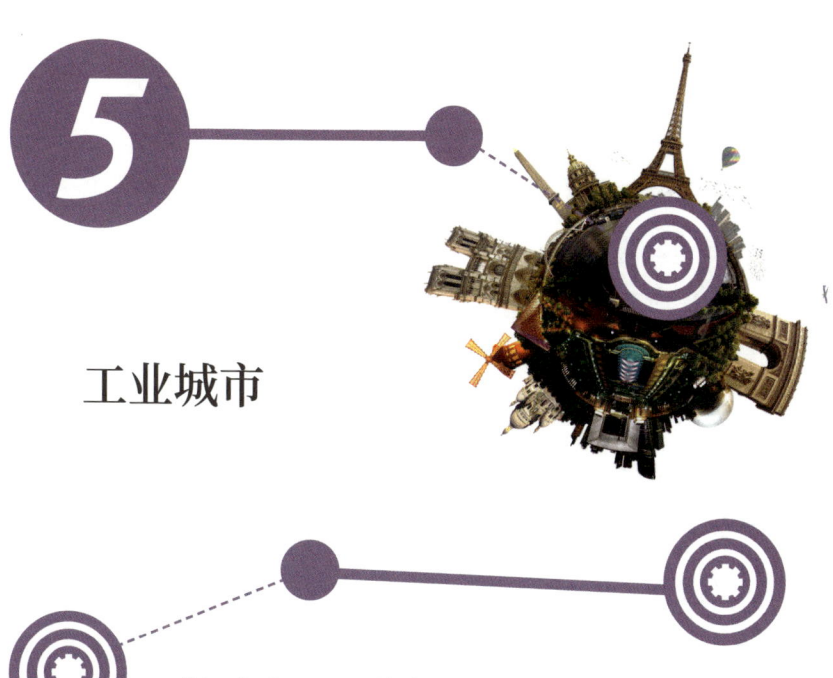

18世纪中叶，工业革命后，世界发生了巨大的变化。工业革命使经济活动出现了由传统的农业与贸易向机械化生产转变的趋势，促进了工厂体系的发展。通过工业革命进行的技术开发与机械发明使人类可以用比农耕社会更少的劳动力获得更多的成果。未来学家阿尔文·托夫勒将工业革命以前的农耕社会向工业社会的飞跃称为"第二次浪潮"。

大历史把在人类对地球生物圈产生最重要的影响力的节点，即从英国开始的工业革命引发的全世界

工业革命

指的是从18世纪中叶开始，在英国首先兴起的技术革新与由此引发的社会和经济等大变革。"工业革命"一词是英国史学家阿诺德·汤因比首次提出并使用的。

的工业化到今天，称为"人类世"。

工业革命不仅带来了技术革新与经济增长，也带来了巨大的社会和政治变化。农村人口前往城市寻找工作，人口向工厂所在的城市迁移，形成工业城市，这些城市形成了铁路和轮船等交通网。由此，纺织业、食品及机械工业得到发展。此外，在电信和电话等通信手段不断发展的同时，城市的影响力也在扩大。

工业化与机械化的发展，使生产率提高，消费水平提升，人们可以享受丰富的文化生活。但人口向工业城市集

中，也造成了住房不足、环境污染等城市问题。女性与儿童深受长时间工厂劳动的折磨，资本家与劳动者之间的对立也引发了劳动问题。

工业化与人类世的开始

英国经过长时间的准备，于 1851 年在伦敦召开了万国博览会，并获得了巨大成功。万国博览会举办的 6 个月期间，足足有 600 万名游客（当时英国人口是 2 750 万）

从英国各地及其他周边国家前来观览。彰显博览会规模与华丽的万国博览会主展馆是"水晶宫"。这是一座使用铸铁梁柱与玻璃板建造的创新性展览馆，展示了英国产品、其他各个国家的产品及从世界各地带来的特产。整座建筑物由玻璃建成，建筑物里设置的数万块玻璃板充分显示了英国工业革命之后技术发展带来的成果。

最早开始工业化的英国各地出现了大规模的工业城市。19世纪中叶，英国工业占据全世界工业总生产量的40%，被称为"世界工厂"。始于英国工业革命的工业化迅速波及欧洲全境。19世纪中叶，法国也步入工业化之路，德国、美国和俄国紧随其后。

德国通过关税同盟与统一运动克服了政治上分裂的弱点，成功在政府的主导下实现了工业化。南北战争结束后，美国实现了人民团结，从海外引进了大规模的劳动力与资本，迅速发展成为工业国家。德国与美国在电力、化学等重工业成为新的增长动力的时期，抓住经济发展的机会，一跃成为19世纪下半叶的新兴强国。俄国于19世纪90年代由政府主导，以丰富的煤炭与铁矿资源为基础，实现了工业化。此时，亚洲的日本在明治维新之后加速实现了经济增长，跻身列强的行列。

人类在1万年前开始农耕后，生产方式通过工业革命实现了史上最大规模的变化。早期人类平均每天消耗

水晶宫

由约瑟夫·帕克斯顿设计的水晶宫长 564 米,建筑面积约 7.4 万平方米,是一座规模巨大的建筑。开业当天,足足有 25 万名游客前来参观,但室内空间还是很宽敞。

2 000～3 000 大卡,农耕时代的人类饲养家畜、栽培作物时,开始使用风力与水力,这时每天大约需要消耗 1 万大卡。进入 21 世纪以来,人类使用化石燃料,一天平均消耗 20 万大卡。为了满足这一需求,

德意志关税同盟

1834 年由普鲁士财政大臣莫茨主导进行。这一同盟联合了 18 个邦国,之后陆续有新的邦国加入。

人们需要大量的能量。

工业化使人类的主要活动由农业和贸易转移到机械化生产，工厂体系得到发展，支撑工业生产的国际市场（全球网络）得到发展。工业化的中心地区在过去200年间成为地球上所有技术、经济、政治与社会变化的发源地。从大历史的观点来看，工业革命引起的人类社会的变化是人类世开始的重要转折点。

最早提出"人类世"一词的是荷兰化学家保罗·克鲁岑。他认为人类通过巨大的影响力使地球气候发生了变化，这是他使用该用语的原因所在。现在，人类使用着生物圈里25%~50%的能源。人类大量使用煤炭、石油等化石燃料，同时排放二氧化碳等温室气体。

这些问题导致了全球变暖、气候变化。我们对生物圈的影响越大，碳排放量就越高。人类改变了生物圈的化学构成，世界上出现了以往没有的约10万种化学物质。

英国的工业城市

工业革命加速了工业化的进程，工业城市得以快速发展起来。在能够当作机械动力的煤炭产地或铁矿石丰富的地区，工业城市发达，伯明翰、曼彻斯特等就是其中的代表。

法国巴黎世界博览会

法国的煤炭与铁矿存储量不如德国与美国丰富,劳动力不足导致工业化发展迟缓。但法国通过与民间资本合作建设铁路,构建了工业化的发展基础。1830年七月革命之后,法国开始工业化发展,获得了通过万国博览会展示本国技术能力与财富的机会。19世纪的法国在巴黎举办了4次世界博览会。特别是纪念法国大革命100周年时举办的1889年世界博览会展示了从轿车到电梯等各种伟大的技术。

1889年,为庆祝法国大革命100周年和在巴黎举行的世界博览会,在巴黎塞纳河边修建了高324米的埃菲尔铁塔。该铁塔当初被批判为"望楼的骸骨",不过它是反映工业时代全盛期的铁塔纪念物

二氧化碳浓度与气温变化

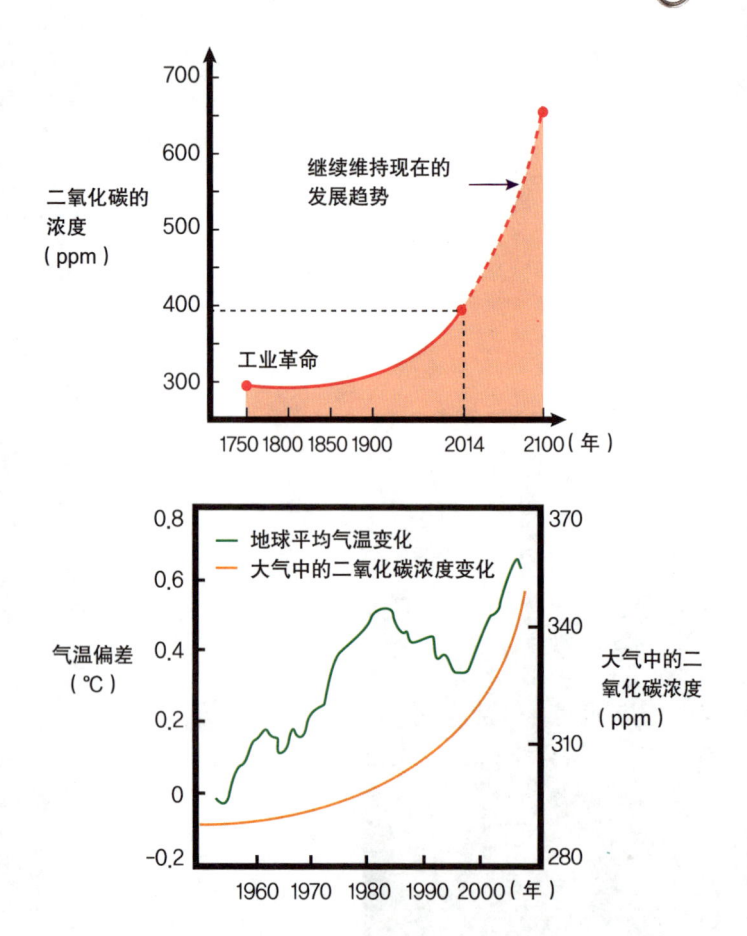

二氧化碳的浓度（ppm）

- 700
- 600 — 继续维持现在的发展趋势
- 500
- 400
- 300 — 工业革命

1750 1800 1850 1900 2014 2100（年）

气温偏差（℃）

- 0.8
- 0.6
- 0.4
- 0.2
- 0
- -0.2

— 地球平均气温变化
— 大气中的二氧化碳浓度变化

大气中的二氧化碳浓度（ppm）

- 370
- 340
- 310
- 280

1960 1970 1980 1990 2000（年）

人类在工业化过程中排放了大量二氧化碳。二氧化碳浓度从1800年到现在，一直呈直线上升趋势。随着二氧化碳浓度增加，地球的气温升高。20世纪，地球表面的平均气温上升了约0.74℃，如果这种趋势持续，预计在21世纪的100年间，地球表面的平均气温将上升1.6℃~5.8℃。

铁路的出现

工业化最重要的动力之一是蒸汽机的发明。1712年，托马斯·纽科门发明了大气式蒸汽机。纽科门的蒸汽机在全国矿山中使用，被用于从地下矿坑中运输煤炭。但纽科门的蒸汽机只能做往复运动，能源效率只有1%，效率低下。

1765年，詹姆斯·瓦特对纽科门的蒸汽机做出了重大改进，提高了蒸汽机的效率。此后，他不断改良蒸汽机，使只能上下左右运动的活塞可以旋转起来，这使得蒸汽机可以作为其他各种机器的动力使用，也使得廉价煤炭

海上交通的发达

蒸汽机使用蒸汽的力量推动船（蒸汽船），从而促进了交通的另一种变化。1807年，美国的富尔顿制造的蒸汽船在纽约哈得孙河上航行成功，此后便来往于美国与欧洲之间。但早期的蒸汽船是外轮船，适合在水浅的河流或湖泊中航行，但不适合在宽阔的大海中航行。1819年，美国蒸汽船"萨班那号"第一次在船上添加了帆，在一个月的时间内横渡了大西洋。此后，蒸汽船得到改良，1840年大西洋定期航线开设后，开始运送大宗货物。海上交通的发达使原料及商品的运输变得便利、快捷，开放了全球潜在市场，为工业和经济的发展做出了巨大贡献，缩短了世界的距离，促进了文化交流。

詹姆斯·瓦特与蒸汽机

詹姆斯·瓦特是格拉斯哥大学的数学仪器制造师，在研究从矿山中抽取水的动力的过程中，改良了蒸汽机。瓦特改良了蒸汽机后，人们得以开采出更多的煤炭

的大量生产成为可能。

煤炭大量开采，促进了以煤炭为原料的制铁工业的发展。到 18 世纪，英国的铁生产量足足增加了 10 倍。瓦特改良的蒸汽机被用于纺织机和纺纱机，使英国的棉织品生产量在大约 50 年的时间里足足增加了 200 倍。

为了将矿山中开采的煤炭运输到各地，铁路也得到了发展。最初，人们用马车运送煤炭，后来因为饲料价格上涨，马的数量不足，这种方式逐渐消失。人们为了大量运输煤炭，开凿了运河，18世纪90年代迎来了"运河之春"。但随着煤炭的生产量增加，需要新的交通运输工具。运河运输已经不能满足需求，随着铁路的出现，这些问题得到了彻底解决。

1776年，第一条铁路投入使用；1804年，特里维西克制造的第一台蒸汽机车在英国南部的威尔士矿山运送10吨矿石。但真正将蒸汽机车广泛使用，掀起铁路热潮的是被称为"铁路之父"的乔治·斯蒂芬森。

1825年9月27日，世界上第一条铁路在英国正式通车。斯蒂芬森设计建造的蒸汽机车"旅行者号"首次在斯托克顿与达灵顿区间鸣响了汽笛。运输乘客与货物的铁路于1830年开始运行。

铁路确保了货物的长距离运输与更广阔的市场，成为

英国的铁路网

铁路的修建是为了运输煤炭。随着铁路的开通，工业革命获得了更大的发展，以铁路开通的地方为中心，形成了工业城市。

促进新工业发展的基础。欧洲各国都致力于修建铁路。在法国，拿破仑战争结束后，直到1827年才在圣艾蒂安首次修建了铁路，于1837年开设了巴黎与圣日耳曼之间的路线。在德国，1835年开通了纽伦堡与菲尔特市之间的铁路。1840年左右，英国修建了总计8 000千米，德国修建了总计4 000千米，法国修建了总计3 000千米的铁路网。

美国在南北战争后于1869年首次修建了贯通整个大陆的铁路。原本要花费几个月才能从纽约到旧金山，铁路贯通后，只需要一周即可。1883年，北部线路北太平洋线修建，1884年，南部线路圣菲线修建。后来，铁路网像蜘蛛网一样遍布美国全境，到1900年超过了欧洲全境的铁路里程，占世界铁路总里程的40%。

横贯大陆铁路给美国的工业发展带来了巨大的动力。原本在匹兹堡经营一家小钢铁厂的安德鲁·卡耐基收购了

美国横贯大陆的铁路

1869年，美国横贯大陆铁路修建完成。该铁路的修建完成，使美国的工业得到了快速发展。但在铁路修建的过程中，被称为"苦力"的中国劳工付出了巨大的牺牲，铁路所到之处也造成了美国原住民的没落。

英国铁路以伦敦为中心四通八达，人们将成为大城市的伦敦称为"大熔炉"

煤矿，经营运输铁矿石的船队，开始收购铁路公司。受惠于铁路，贫穷的苏格兰移民出身的卡耐基成为美国的"钢铁大王"。另外，垄断了"黑色黄金"石油的洛克菲勒收购了费城、匹兹堡、纽约、巴尔的摩、克利夫兰等东部铁路网周边的石油工厂，成为"石油大王"。

那么，铁路给工业城市带来了怎样的变化呢？铁路改变了人们对距离和空间的看法。英国早期列车的平均时速为 30~40 千米，这比当时的邮车还快。由于在同样的时间内，铁路的速度能达到以前的数倍，所以铁路压缩了时间，扩展了空间。1850 年，在一天时间内，从伦敦可以到达英国的任何地方。

随着铁路的建设，酒店产业得到发展。很多人为了赶早班火车而住在火车站周边的酒店，酒店还可给深夜到达的顾客提供休憩之地。此外，随着铁路旅行的增加，人们开始在火车上阅读。于是，车站周围开始出现书店，交上

手续费就可以在火车上借书读，到目的地后返还即可。此外，铁路使肉和蔬菜能够远距离运输，食品价格下降，消费量增加，人们的饮食生活开始发生变化。

铁路出现后，人们才意识到现代意义上的"时间"。火车的出发与到达时间变得重要，所有的火车站都挂上了钟表与火车时刻表。不同地区的时间不同，会给火车运行带来巨大的混乱。因此，1848年，英国最早开始使用世界标准时间。1884年10月，国际经度会议决定以经过英国格林尼治天文台的经线为本初子午线，作为计算地理经度的起点，亦为世界"时区"的起点。

很多城市出现了钟楼，人们开始把时间与火车时刻表当成标准时间。标准化时间被广泛用于近代生活。工厂劳

通信手段的发达

随着交通工具的革命性发展，通信手段也发生了巨大的变化。1840年，英国开始出现便宜又快速的"一便士邮资制"。只要贴上一便士，就可以往全国任何地方寄信。1844年，美国摩尔斯发明的（有线）电报首次在巴尔的摩与华盛顿之间传送。1851年在英吉利海峡、1866年在大西洋海底铺设了海底电缆，1876年贝尔发明的电话，比信件更快地传递信息。与此同时，通信手段的发达使全世界连成一体，为市场扩大、形成全球网络打下了基础。

动的上下班时间被记录下来，周薪与月薪都以小时计算。学校也需要制定学生上下学与上课的时间。

在罗马时代，人们通过道路将物品运输到世界各地。19世纪，铁路引起了社会的巨大变化。在铁路发展的地方，蒸汽机车作为动力起到了重要的作用。铁路等交通设施的发达与通信手段的发达促进了钢铁工业、机械工业和建筑业等相关行业的发展。

从大历史的观点来看，铁路的出现压缩了时空，改变了人们的距离观念，使旅行变得普遍，提高了文化交流的速度。火车站成为近代化的象征。通过火车站的时钟与火车时刻表，"标准时间"的概念得以产生，如同"时间就是金钱"这句话所揭示的，时间的价值被换算成金钱，城市人的生活方式开始受时间的控制。

烟囱工业的发展

工业革命引起的工业化使工业城市快速发展起来。工业城市的典型特征是被称为"工厂制度"的烟囱工业。此后，小规模的家庭手工业被大规模的工厂机器工业代替。城市中高耸的烟囱一刻不停地冒出白烟，巨大的工厂里时时传来机器运转的声音。

通过英国的城市曼彻斯特，我们可以看到工业城市发

达的工厂的样子。曼彻斯特位于伦敦西北部约 300 千米处，工业革命之后发展成为纺织业中心。它周围有利物浦、利兹、谢菲尔德等城市。

1800 年前后，曼彻斯特是英国全境出现的数百个纺织城市之一。它与其他大部分纺织城市一样，从事加工从外国进口的原材料的工作。最初，它通过在伦敦的土耳其商人从黎凡特地区进口棉花。但美国独立战争后，棉花在

曼彻斯特

工业革命之后,英国工业中心曼彻斯特的全景图。在这里,无数工厂昼夜不停地冒烟

美国的产量大大增加,利物浦成为比伦敦更适合进口棉花的港口。但利物浦几乎没有淡水,因此没能发展成为制造业城市。利物浦主要进口棉花,将其运输到曼彻斯特,曼彻斯特位于棉花加工和流通的理想位置。

飞梭、水力纺织机、骡机等的发明,使拥有丰富水力资源与适合纺纱的湿润气候条件的曼彻斯特的纺织业得到了巨大发展(1840年,曼彻斯特的每个棉纺织企业平均雇用260名工人）。1830年铁路的开通与1893年运河的开通将曼彻斯特与利物浦直接连在一起，促进了工商业的发展，曼彻斯特发展成为世界纺织工业的中心。

后来，除了纺织工业外，曼彻斯特的食品、机械、化学与电子等工业也发展起来，人口随之急剧增长。1770年约有4万人口的曼彻斯特，到1830年增长到27万，到1900年增长到60多万。

曼彻斯特出现的工业城市模式也反复出现在世界其他城市中。铁路成为城市中枢，蒸汽船等交通手段的发展形成的交通网促进了贸易与制造业的发展，造船厂、蒸汽机工厂与机车制造厂等新的工业发展起来。

位于德国莱茵河畔的工业城市埃森成为鲁尔工业区的中心城市。鲁尔工业区构建了细密的交通网与连接德国全境的水路网，这里的杜伊斯堡港成为欧洲最大的内河港，是鲁尔工业区的门户。

鲁尔工业区

欧洲的城市在发展交通、通信基础设施的基础上，还不断向外发展。德国鲁尔工业区的范围西起杜塞尔多夫与杜伊斯堡，东至多特蒙德，距离约113千米。

第二次世界大战后，鲁尔工业区成为德国"莱茵河奇迹"的发源地。自19世纪中期起，这里巨大的矿产地带成为德国工业的命脉。

矿工们挖出的煤炭源源不断地变成焦炭，焦炭用于被称为"工业的粮食"的钢铁制造上。

其中最具代表性的煤矿是关税同盟煤矿工业区，它位

关税同盟煤矿工业区

位于德国埃森的关税同盟煤矿工业区体现了德国工业化时期鲁尔工业区的工业发展状况,是工业发展的结晶

于鲁尔工业区的中心。1851年正式开采后,一天的产煤量约1.3亿吨。关税同盟煤矿工业区的繁荣,促进了该地区的发展。这里焦炭工厂的烟囱不仅成为地区经济,也成为制造业强国德国的支柱。人们把给鲁尔工业区带来财富的煤炭称为"黑色黄金"。

19世纪60年代,南北战争结束后,美国工业以惊

美国的工业城市——芝加哥

芝加哥是美国第三大城市,位于密歇根湖南部,水陆交通非常便利。这里是北方物品的集散地,商业活动发达。密歇根湖是人们喜欢去的休闲之地。

这是1883年俞吉濬作为朝鲜外交使团报聘使的一员访问芝加哥时留下的记录。芝加哥1871年经历了一次火灾,后来以铁路为中心发展成为中西部贸易的中心,实现了飞跃性发展。海外移民与中西部各地的人们聚集到此地,1837年,芝加哥人口约为4 000人,而到1890年前后,这个数字超过了100万,芝加哥超越费城,成为仅次于纽约的第二大城市。1893年,在这里举办了世界博览会。

在芝加哥世界博览会上,足足使用了25万只灯泡,集中宣传了新世界的到来

人的速度发展起来，到20世纪初，美国已经超过欧洲列强，成为世界上最大的工业国家。1800年，只有大约7%的人口居住在城市，但到1900年，该比例增加到40%以上。1830年，纽约、费城、巴尔的摩等发展成为美国主要的工业城市。20世纪初，中北部地区的芝加哥、底特律、克利夫兰等发展成为核心城市。中北部地区的工业城市与历史悠久的沿海城市差异巨大。不同于拥有数千个小规模工厂和繁华商业区的纽约和波士顿，这里有巨大的工厂。拥有数千名工人的工厂生产钢铁制品、农具与汽车等耐用消费品。

1900年，美国人口超过10万的城市共计38个，美国所有城市的人口数超过1 400万。纽约、芝加哥、费城发展成为人口超过100万的大城市。另外，该时期的工业城市吸收了大量农村人口与移民。特别是工业化程度高的北部与中西部地区离农现象严重，19世纪80年代，城市人口增加了20%。19世纪下半叶，大批移民中有大部分

美国的工业城市
由于欧洲国家的投资、制造业的发达以及移民涌入，美国的工业城市发展迅速。

聚集到城市，到 1890 年，费城人口的 1/4、芝加哥与波士顿人口的 1/3、纽约人口的 4/5 出生于外国，或父母是外国人。

工业的发展大大增加了工业在国民收入与国民生产总值中的比重，吸收了大量的农业人口与劳动力。新工业区出现的新工业城市吸引了农村人口，出现城市化现象。为满足日益发展的技术与工业所需的劳动力，需要普及新的教育制度。

工业城市的光与影

随着工业革命迅速发展，家庭手工业快速没落，工厂机械工业发展起来，完成了近代资本主义的历程。生产力获得极大发展，经济持续增长，欧洲从农业社会发展成为工业社会，工业资本家（资产阶级）在社会与经济生活中占据重要地位。反之，在工业发展中成长起来的工厂劳动者逐渐形成了阶级意识，形成了工人阶级（无产阶级）。

工业革命不仅带来了经济结构的革命性变化，而且极大地改变了政治结构。贵族与地主阶层没落，新兴资产阶级通过修改选举法获得了选举权。资产阶级的活跃使英国工人阶级的男性团结起来要求选举权，这发展成为宪章运动。一系列限制被废止，社会逐渐朝自由主义经济体制发展。强调自由主义经济体制的代表人物是《国富论》的作者亚当·斯密。

从工业革命开始，就出现了对工人的人权压制。工厂主要求工人强制劳动（最多18小时），工人的消费与休息都受到极大的限制（连喝水都受到限制）。19世纪中叶，纺织工厂的工人一天工作12~14小时，年平均工作约3 000个小时。但当时工人的食物充其量不过是土豆与面包，有时还有茶和黄油。1842年，在曼彻斯特，绅士的平均寿命为38岁，工人的平均寿命为17岁，体现出巨大的阶级差异。

此外，还产生了雇用童工等不正常的现象。有4岁的孩子在蕾丝工厂、煤矿劳动或打扫烟囱，在其他工种中有6~8岁的孩子从事有偿劳动，他们每天的工作时间为12~13小时。因贫穷而缺乏营养与长时间劳动使孩子们无法正常成长。

童工的悲惨遭遇引起了人们的关注，最终出台了《工厂法》。1833年制定的《工厂法》规定禁

绅士
指的是在传统英国社会中拥有土地和财富的上流阶层。意为"绅士"的"gentleman"便来源于此。

5　工业城市　　151

止使用9岁以下的童工，13岁以下的儿童劳动时间一周不得超过48小时。1847年，又对《工厂法》进行了修改，规定18岁以下的工人一天工作不能超过10小时。在此过程中，儿童逐渐从长时间劳动中解放出来。

工人先是发起了破坏机器的卢德运动，后来为反对降低工资与长时间劳动，组织了工会与劳动党，展开了有组织的运动。工业资本家与雇佣工人形成了相互对立的阶级，还出现了批判资本主义的社会主义。

工业化并不单纯意味着工厂的增加。很多重要的技术发明，使城市的外围发生了变化，城市空间的模式也发生了变化。建筑领域开始使用铁制品与钢铁产品，人类迎来了摩天大楼的时代。电车与地铁成为公共交通的主要手段，这成为20世纪以后城市郊区化的基础。交通手段的发展，使人们可以居住在距离城市较远的舒适的地方。其结果是，工业城市不断呈水平状扩张，市中心的建筑变得越来越高。

工业城市的发展，使大批农村人口来到城市，城市人口急剧增加。城市中心的规模越来越大，出现了市政府、法院、公共图书馆、博物馆、酒店、火车站、剧院、银行等大型建筑。以往的道路被加宽，也开通了新道路。被称为"白领"的各种从事服务行业的人员与从事专门职业

卢德运动

都是因为这些破机器！

工人认为只要把导致失业和工资降低的机器破坏掉，就可以获得好的劳动条件，于是到处发生破坏机器的运动

的人员得以出现。生活变得富足的工业资本家离开城市，到郊外居住，享受家庭旅行。

但随着人口聚集，城市中出现了住宅、卫生、

地铁

世界上第一条地铁是1863年在英国伦敦开通的，从帕丁顿到法灵顿，长度为6千米。

咖啡屋的出现

1650年开业的英国牛津的The Grand Coffee是英国第一家咖啡屋。在水质不好的英国,在茶文化开始传播之前,大部分人用酒代替水来饮用。当咖啡屋出现后,人们开始用咖啡代替酒。咖啡屋在英国开业后,早期曾出现过快速爆红的局面,在18世纪的英国,曾出现过数千家咖啡屋。在咖啡屋里,不仅能进行社交,有时还可以发表政治意见或讨论。1675年,英国国王查理二世颁布了禁咖啡令,但却无法阻止人们前往咖啡屋的热情。只要有1便士就可以进出的英国咖啡屋,给人们提供了可以自由对话和开展辩论的空间,因此也被称为"便士大学"。这里还是牛顿所在的英国皇家学会的聚集场所。经营咖啡屋的爱德华·劳埃德与海运商人、船舶经纪人及海上保险业者一起筹划了一家名为"伦敦劳埃德"的保险公司。与纽约证券交易所、东京证券交易所并称为世界三大证券交易所的伦敦证券交易所就是证券交易商在咖啡屋中买卖股票时产生的。

位于英国牛津的
The Grand Coffee

工业革命时期的住宅

工业资本家过着富裕的生活,而大部分工人只能在恶劣的工作环境与不卫生的居住环境中生存。很多工人拥有的家具不过是一张睡觉的席子而已

上下水等各种问题。大多数工业城市的煤炭消耗量增加,大气污染严重,垃圾与污染物处理等问题非常棘手。曼彻斯特就是典型的例子之一。工业革命后,曼彻斯特在90余年的时间里,人口增加了6倍以上。这导致曼彻斯特工厂的废水与煤烟排放严重,水质与大气污染严重,贫民的生活条件非常恶劣,甚至可以说"无论到哪里都是废品、

食物垃圾和污水"。19世纪初，曼彻斯特的死亡率是4%，该数值大概是周边农村的3倍。

城市人就这样生活在又狭窄又不卫生的环境中，这样的环境导致了传染病的产生与扩散。特别是伦敦，它因各种各样的排泄物而成为一座散发着恶臭的城市。每天有194.5万人（1841年的人口调查）的排泄物流入泰晤士河。本杰明·迪斯累里曾指着泰晤士河说："这真是散发着恶臭的地狱之河。"这种环境非常适宜传染病的流行。其结果是，1849年，伦敦有1.8万人死于霍乱，1854年有1万人，1866年有6 000人丧命。

发生在城市贫民区的传染病并不会局限于该地区，它会扩散到城市的其他地区，威胁整座城市甚至整个地区的安全。因此，治理环境不洁引发的传染病不是单纯局限于贫民阶层的问题，而是一个受全社会关注的重要问题。通过工业革命得以发展的英国和法国建设了上下水道、医院、公园、学校以及公共住宅，积极开展卫生改革运动。

帝国主义时代殖民城市的扩张

始于英国的工业革命在19世纪中叶前后扩展到欧洲的主要国家与城市。到19世纪下半叶，资本主义已达到高度发达的阶段。英国的工业革命与后发国家的工业化带

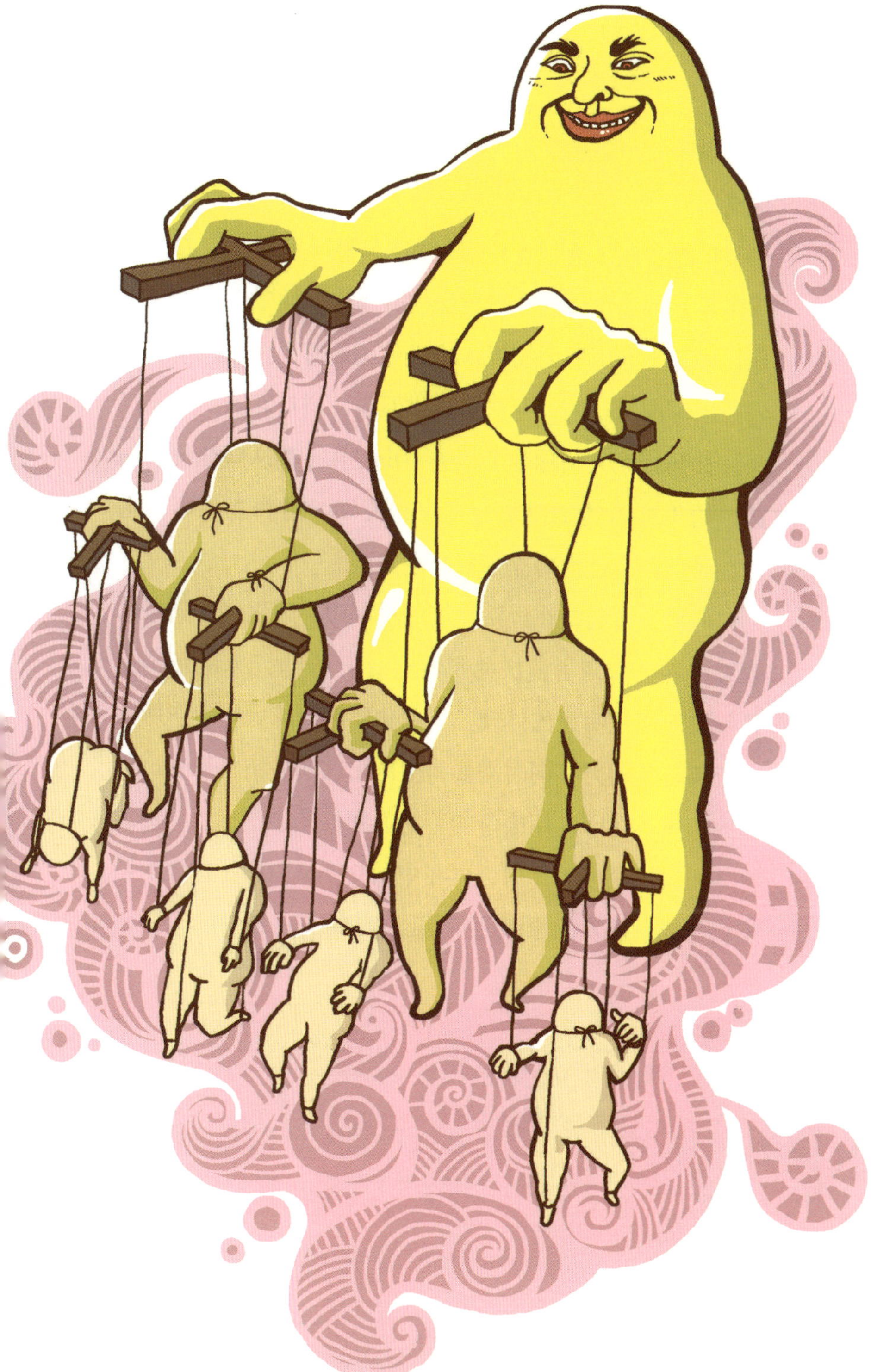

来了显著的经济成果。人口增加,人均收入增加,生产力提高。

世界各地区通过贸易网与金融网相互联系在一起,确立了单一的经济体制。世界经济分为发达的工业国家与从属于发达工业国家的殖民地或半殖民地落后国家。落后的农业国家向发达的工业国家提供原料,进口它们的工业产品,被强行编入国际分工,进一步强化了其从属地位。因此,始于英国的工业革命不仅在英国一国确立了资本主义,而且在全世界确立了资本主义。

但另一方面,在经济发展的过程中,列强过于膨胀的政策给人类带来了消极的影响。始于19世纪末的帝国主义殖民地便是明显的体现。工业化要求保障大量生产所需的资源与劳动力,同时需要将生产出的产品销售出去。英国的殖民者在印度用廉价的劳动力和棉花生产棉纱,然后将其在印度换成鸦片后,再在中国交换成白银(这成为后来鸦片战争爆发的原因之一)。

帝国主义时代的瓜分世界

帝国主义国家进驻亚洲与非洲,扩展殖民地。殖民地民众进行了顽强抵抗,第二次世界大战结束后,大部分殖民地于20世纪60年代前后实现独立。

资本主义的发展，更加体现了殖民地作为能源与资源的产地与资本投资场所的重要性。英国、美国、法国、德国以及包括俄国、日本在内的帝国主义列强利用不断增加的财富，以及铁甲战舰、机枪等现代军事技术，构建了强有力的军事力量，最终形成了帝国。

19世纪下半叶，印度被英国统治，中国经济被编入列强的统治秩序。西亚、东南亚和非洲成为列强的殖民地。第一次世界大战之前，帝国主义列强达到全盛时代，除了埃塞俄比亚、泰国等少数几个国家之外，世界上大部分国家被纳入了列强的统治秩序。

帝国主义列强在各处实行殖民统治的时候，将许多城市发展为自己的原料提供地与商品销售基地。代表性的此类城市有加尔各答、雅加达、香港、开普敦与拉各斯等。像安条克、亚历山大、马赛等城市在1500年前罗马帝国的巨大城市网络中起到的作用一样，帝国主义时代的殖民城市在亚洲与非洲各地构建了"缩小版"的欧洲。

殖民城市是在列强的规划下建设而成的，体现出与主导城市开发的占领国的城市相似的特征。殖民城市在控制该地区经济的列强的控制下快速发展起来，而像伊斯坦布尔、德里等传统城市的经济影响力则大部分转移到了欧洲人手中，沦落为从属地位。

维多利亚纪念馆

印度加尔各答为纪念英国维多利亚女王（1819—1901）而修建的纪念馆。该建筑物是英国风情的，但穹顶却是莫卧儿风格的

　　印度的加尔各答原本不过是个小渔村，17世纪末，英国的东印度公司开始对该地区进行开发。此后，加尔各答在约140年的时间里一直是英属印度殖民地的首都，成为印度大陆最大的城市。加尔各答接受英国的工业产品，代价是将丝绸、黄麻、棉花、大米、白糖等数十种商品运到英国，成为最大的殖民城市。在加尔各答，有维多利亚

纪念馆等英式建筑，也有伊斯兰特色的居住区，体现了印度与英国文化的融合。

鸦片战争以后，香港岛被割让给英国，英国在香港实行殖民统治。19世纪，香港成为英国主要的贸易港口，开通了铁路，引进了英国的教育体系。直到1997年，中国政府才恢复对香港行使主权。

上海在18世纪是一个大约有20万人口的中型城市，列强对于上海的控制始于1846年英国在这里设立租界之时，租界在数年时间里扩张到该城市的大部分地区。1920年前后，有6万多名外国人生活在上海，上海成为中国外国人最密集的地方之一。从19世纪末到第二次世界大战之前，上海一直承担着中国海外贸易的一半，工厂也占全国的一半。当时上海拥有400万人口，一跃成为世界上规模最大的城市之一，其规模是当时中国的首都南京及工业城市天津的两倍以上。

19世纪以后，在帝国主义时代建设起来的殖民城市成为宗主国谋求经济利益的基地，这里通过交通、通信与帝国所有的城市形成网络。而这些殖民城市之间的网络至今犹存，形成了今日各座城市的基础。

拓展阅读

城市与下水道

城市居民的生活需要什么保障？粮食与水当然是最重要的，此外还有很多重要的方面。但有一项仅次于食物与水的供给，那就是如何处理城市居民每天制造的垃圾与排泄物。

印度河流域的早期城市也致力于解决这一问题。他们修建下水道，使排泄物能够被冲走，在地下修建下水道，防止臭气熏天。其他文明地区的早期城市也修建下水道与粪坑，大部分是将排泄物顺水流入江河，以保持城市的清洁。

但随着城市规模越来越大，人口越来越多，城市的情况逐渐发生了变化。生活着25万人以上的雅典就是一座非常脏乱的城市。雅典的戏剧作家描写过大白天就有人在大街上大便的状况。阿里斯托芬的戏剧

《和平》中的主人公特利该俄斯乘坐屎壳郎飞到了雅典的上空,他甚至担心飞到房屋密集的雅典上空后,会因厕所和畜舍里散发出的恶臭而昏迷。

在罗马,更多的人住在更狭窄的空间里。在罗马教廷时代,1平方千米的土地上最多生活着11万人,所以罗马住宅越建越高(当时已经出现了6层住宅)。这些住宅基本上都非常窄小、漆黑不便,也没有上下水设施,他们经常将垃圾或排泄物直接扔到窗外。当然,这并不是说罗马没有处理粪便和污水的方法或下水设施,每家都有茅坑,也有官吏专门监督打扫。罗马也有供一般大众使用的公共厕所与下水道。

尽管如此,道路上仍然粪尿遍地,散发着恶臭。动物与人的排泄物混在一起,下雨时的场景简直不堪入目。虽然有连接着江河的下水道,但由于下水道是开放式的,排泄物过多时,就会溢到马路上。一部分引领潮流的市民为了不让污物沾湿衣服和鞋,开始穿高跟鞋。尤其与动物在一起生活,使得卫生状况极其糟糕,但人们没有意识到危险所在。城市的井水深受污染,一些不明原因的疾病导致一年数千人丧命。

罗马公共厕所遗址

4世纪左右，罗马市区有140多个公共厕所。国家为了让人们方便如厕，修建了收费公共厕所。这种厕所设计成下面冲水的结构，可以将排泄物冲走

很多城市居民为排泄物的处理问题而苦恼。被城墙环绕的城市会把垃圾和排泄物堆在城墙外，于是城墙外开始出现巨大的排泄物堆。在由护城河环绕的城市中，护城河里堆满了排泄物。甚至攻打巴黎的士兵不得不踩着排泄物堆爬上城墙。大多数家里没有厕所的市民只能使用痰盂，然后将排泄物倒到窗外。倒痰

荷兰的卫生状况

1559年,荷兰画家勃鲁盖尔画的《尼德兰箴言》。这幅画中塔的下方绘制了挖洞处理排泄物的场面,说明当时人们的日常生活不太卫生

盂的时候,还要喊着"小心水",以便让行人避让。据说当时有礼貌的男性与女性一起在街上走路时,都是男性走在靠窗的位置。

在工业化时代,人口向城市集中,下水设施的不足导致城市问题凸显。在贫民居住的地区,没有足够的清洁水,也没有足够的处理排泄物的设施。生活空

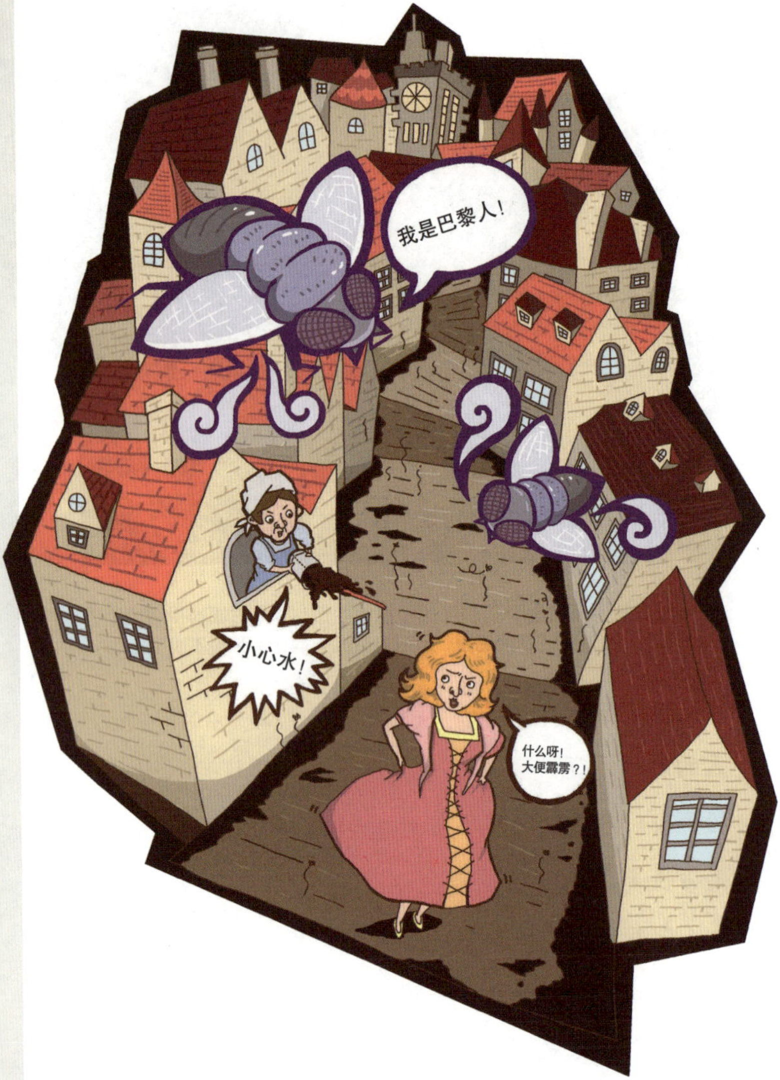
我是巴黎人！
小心水！
什么呀！
大便霹雳？！

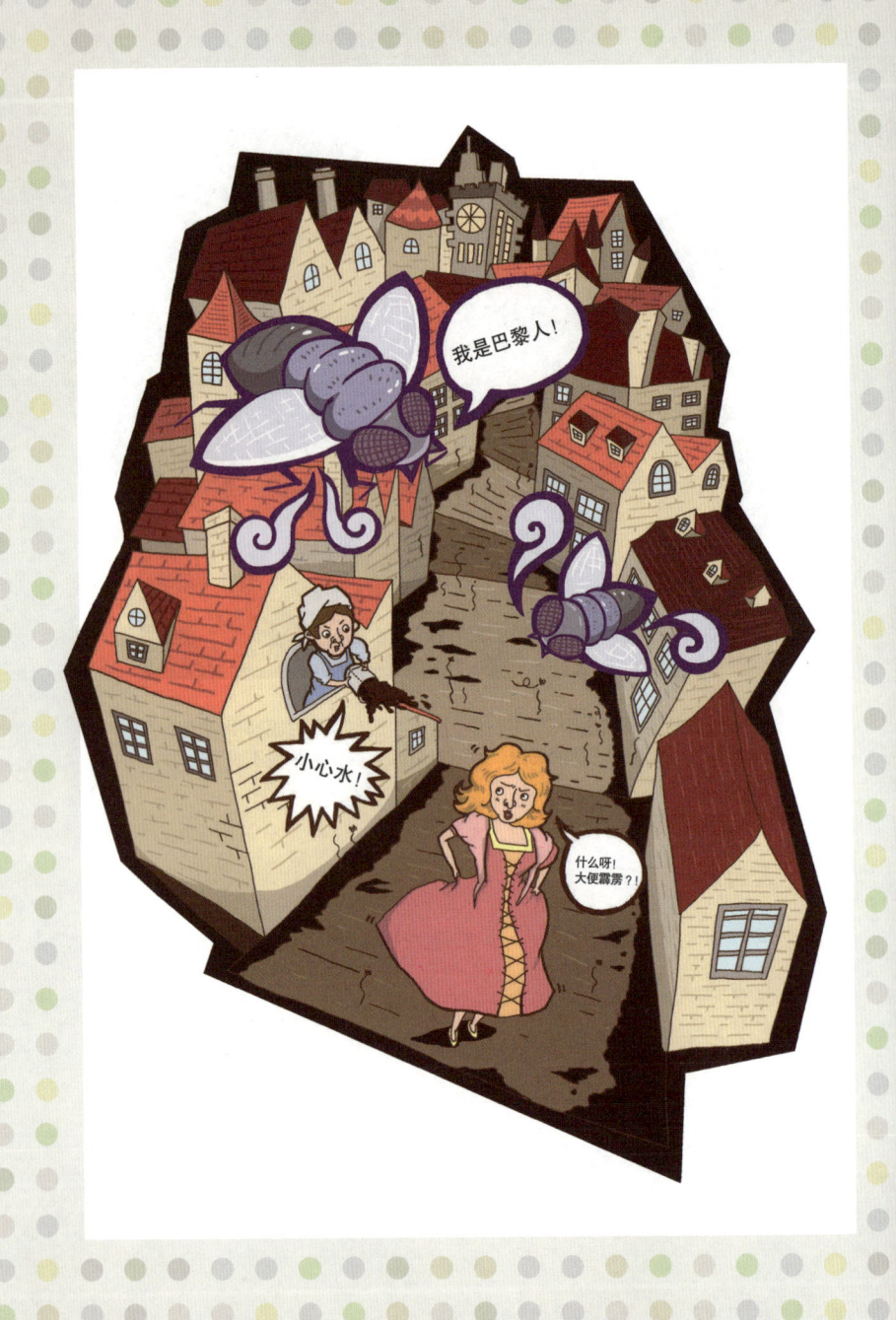

间也充满脏水、被污染的水和垃圾。城市贫民的健康状况不佳，传染病高发。

城市里开始系统修建下水设施始于19世纪霍乱肆虐整个欧洲之后，人们的卫生意识逐渐提高。英国医生约翰·斯诺在追踪霍乱来源时，发现被粪便污染的水是罪魁祸首。罗伯特·科赫通过显微镜发现了霍乱病原体，确定了卫生条件与疾病之间的关系。

维多利亚女王时期，伦敦约有15%的家庭使用院子或公共场所中水泵或水井的水。这些水大部分来自泰晤士河，霍乱通过被排泄物污染的井水传播开来，导致数万人丧命，甚至连维多利亚女王的丈夫阿尔伯特也因伤寒去世。建设先进的污水处理系统是国家最重要的课题之一。此后，伦敦修建了总长130千米的巨大下水道网络，拥有了较为有效的排水系统，成为欧洲最干净的城市之一。

巴黎也积极推进大规模的下水道建设，修建了总计600千米长的下水道网与大规模的排水设施。维克多·雨果的《悲惨世界》中详细描写了巴黎下水道的伟大。

但污水处理问题并没有得到彻底解决，至今仍有很多城市深受污水与生活垃圾处理问题的困扰。将污染物集中在一处，采取集中处理的方式需要大规模的设施与巨额费用，但却不能使水完全得到净化。在处理垃圾的过程中，还会有更大范围的空间遭受污染。环境运动家认为，"下水道是去除污染物的最有效的方式"，人们应该转换观念，重要的不是事后处理，而是事前进行预防。在城市出现5 500多年后的今天，排泄物与垃圾问题仍困扰着人类，没有得到完全解决。

拓展阅读

始于明治维新的日本的工业化

1868年，日本开始明治维新。明治天皇为了将日本打造成与美国和欧洲齐名的强国，将首都迁到江户（今天的东京），并制定了一系列强化政府力量的政策。在日本工业革命中，重心是将棉花纺织成棉线的纺织业。1882年，大阪纺织公司成立，日本本国生产的纺织品价格与外国产品价格相似，很多企业投身纺织业，纺线织布的纺织企业迎来了繁荣时期。

日本为了强化军事实力，还重视钢铁生产。1901年，八幡制铁所首先建成，后来这里的钢铁生产量增加了40倍，不仅制铁业发达，制造大型船舶的造船业与制造陆海军武器的军需工业也快速发展起来。交通、通信产业发达，1872年修建了第一条铁路，到1890年，日本的铁路总里程超过2 000千米，主要

八幡制铁所

日本第一个钢铁厂——八幡制铁所

城市都修建了电信所。

　　日本也像其他发生了工业革命的国家一样,城市人口剧增,明治维新以后的50年间,城市人口增加了2倍。到20世纪20年代,城市人口占日本人口的1/4。大阪被称为"东方的曼彻斯特",人口在1875—1920年增加了5倍以上。新首都东京成为全世界有名的城市。

6

现代城市

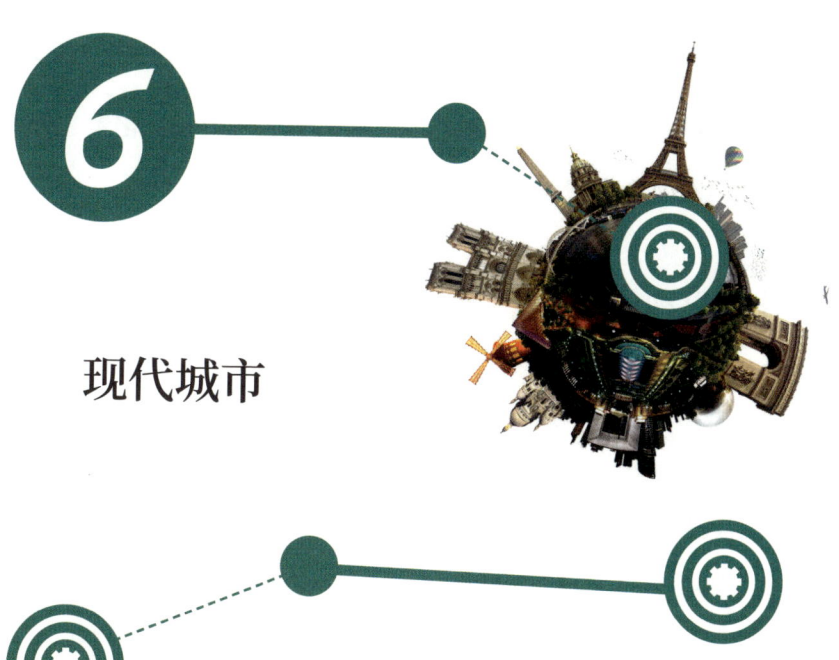

进入20世纪之后,人类社会快速实现了城市化,现在全世界大约一半以上的人口生活在城市。全世界居住人口超过1 000万的超大城市有21个。人口过密的超大城市基本都不在欧洲圈,反而在发展较为落后的南美洲、非洲与亚洲。这些城市面临环境污染、交通堵塞与住房困难等工业城市共同经历过的问题。

现在,城市人口所使用的能源与垃圾的排放量已经达到了难以统计的规模,所有的城市反复遭受垃圾、水和能源等问题的困扰。这些问题不仅给城市的未来,也给人类的未来发展蒙上了一层阴影。人类正努力建设绿色城市,以解决这些问题。

为适应全球化的发展趋势,几乎所有城市都成为许多人种与民族共同生存的多人种城市，种族、宗教和文化矛盾成为新的城市问题。

什么是现代城市？

最早的城市出现在 5 500 多年前，到今天，约一半的人居住在城市。

人口集中到城市是 20 世纪最为重要的特征之一。整个 20 世纪，城市快速发展，农村人口大量涌入城市。亚洲、非洲等地许多曾经的殖民地独立后，在实现工业化的过程中，城市人口得到了快速增加。

汽车逐渐普及，地铁与高速公路等交通网扩大，城市外围区域不断扩大，周围的小城市与大城市相连，成为特大城市。大城市沿着干线道路像纽带一样连接在一起，形成了都市连绵区。位于美国波士顿北部的新罕布什尔州南部到弗吉尼亚州的诺福克之间 960 平方千米的都市连绵区有波士顿、诺福克、普罗维登斯、纽约、费城、巴尔的摩、华盛顿等著名的大城市。复合城市的概念与特大城市类似。人口聚集的东京实际上是由数十个城市与村庄组成的一种复合城市。

现代城市在人口、信息与资本流动方面是复杂而有效的，这在历史上很难找到。城市之间的相互关联性与依赖性非常高，现代城市几乎不受所谓国家等政治单位的影响。全球化的发展趋势，使城市之间的合作与竞争超越了国家的界限。

到 19 世纪末，越来越多的人到工业城市中寻找工作与财富，很多人到城市寻找快乐与其他各种休闲方式。大城市中有可以享受到世界各国美食的高级餐厅，人们可以在美好的氛围中享受来自世界各地的美食。拥有高雅爱好的人可以在美术馆、音乐厅、展览馆与博物馆中度过愉快的夜晚。人们还可以在电影院欣赏 3D 电影或在剧场里观看音乐剧，还可以在大型百货商店买衣服或名牌包，消磨时间。

这些乐趣是人们生活在城市中最重要的理由之一。从这一层面来看，现代城市也可以被称为休闲城市。现代城市为了满足人们的需求，不断地进行各种革新。20 世纪，在料理、游戏和电影等各种与休闲相关的领域，都产生了无数革新。

最近几十年不断发展的全球化给城市带来了巨大的变化。从 20 世纪 70 年代开始，美国很多大企业将工业转移到劳动力低廉又能确保广阔市场的中国、印度、东南亚等地，这导致美国依靠大企业制造业发展起来的工业城市走向没落。而在中国、印度、东南亚国家等，拥有工业城市特点的现代城市正在成长。

工业城市的没落

底特律曾经是著名的汽车城市、美国人口第四多的城市。但随着汽车工业无法支付日益上涨的工资，相关工业逐渐被转移到国外，大量工人被解雇，工厂变成废墟。1950年，底特律有180万人口，后减少到只有70万人口，其中一半左右处于失业状态。曾经生机勃勃的城市变成令人绝望的幽灵城市。除底特律之外，这种现象还出现在克利夫兰、匹兹堡、布法罗、芝加哥等一度非常繁荣的重工业城市。

一方面，制造业城市衰退，另一方面，IT产业、通信、医疗服务、金融与保险、航空航天产业发展，新兴城市成长起来。借助这些产业发展起来的阳光地带（Sun Belt）城市人口剧增，经济规模增大。苹果、惠普的大本营硅谷与航空航天研发中心休斯敦等便属于这一类型。这些城市以被称为"创意阶层"的高学历研发人员为中心，正逐渐发展成为适合消费、休闲，拥有大规模购物中心、餐饮设施、博物馆、时尚精品店、画廊等具有创造性的文化城市，以满足其消费和休闲的需要。

那么，在较晚才有跨国企业进驻的东南亚及印度地区，这里的城市又发生了怎样的变化呢？首先是新兴中产阶级的出现。这些知识分子接受过英语教育，熟悉计算机软件，受雇于外国企业，获得了相当的经济基础。

高科技城市——硅谷

全世界尖端的技术城市当数硅谷（加利福尼亚州圣克拉拉县）。100年前，这里还只是一片宽阔的果园。1891年，利兰·斯坦福决定在自己的农场里创办一所大学，农业地区的命运被完全改变。斯坦福大学培养的专业人才、宽阔的农村土地上建立的各种尖端技术研究所与企业形成的革新动力，使这里发展成为世界上最先进的创新性城市。惠普、苹果、谷歌和雅虎等大企业都是在这里发展起来的。与修建在适合大量生产与大量运输的区域的工业城市不同，硅谷等创新性城市一般出现在气候较好、自然环境优越的地方。工业城市人口密集，而创新性城市没有这个必要，这里的市中心并不发达，住宅也不密集。就职于尖端研究所的人教育水平高，有相当的经济实力。创新性城市为了满足创造性人才的休闲生活与休闲活动，大力发展商业服务业与文化服务业。即便近年来美国经济不景气，硅谷的房价也非常高，IT产业的投资依然不断涌向这里，以后还会吸引更多成功的计算机专家来到这里。

孟买和马尼拉的新兴中产阶级追求适合他们经济地位的消费文化。他们乐于购买古驰、普拉达等大牌产品及高级汽车,还梦想像西方中产阶级一样在带游泳池、停车场、高尔夫练习场的豪宅里生活。为了迎合他们的需求,城市里修建了很多出售名牌产品的大型购物中心、高级餐厅、咖啡馆、电影院、画廊与其他休闲场所。星巴克、可口可乐、麦当劳、古驰、路易威登、丰田、三星

穷人的城市

大城市逐渐分裂为华丽现代的市中心与贫穷萧条的贫民窟。在自由贸易主义与全球化的浪潮中,没有竞争力的制造业工人失去了正式的工作岗位。他们只能拿着不固定的最低工资,沦为从事非技术性工作的贫穷工人。即便是在印度最富有的城市孟买,也有54%的人生活在贫困线以下。他们生活在被称为达拉维(Dharavi)或Chawl(印度分间出租的宿舍)的贫民区,住在没有供水、供电服务的临时住宅里。

拉丁美洲的很多城市也存在非常巨大的贫富差异。里约热内卢美丽的海岸地带的山坡上有著名的贫民窟,该城市人口的1/5散布在600多个贫民窟里。电影《上帝之城》中的毒品流通组织就活跃在贫民窟里。这里没有供水、供电、污物处理等基本的生活服务保障。住宅主要由木板、铁皮、草席、黏土砖等材料建造而成,无法抵御恶劣的天气,也无法应对洪水与火灾。这些棚户区主要修建在垃圾填埋场周围被污染的区域。由于周边环境不够卫生,居住在这里的儿童整日暴露在污染的环境中,因此很容易患消化系统和呼吸系统疾病。

等交织在一起，构成城市景观，使世界的所有城市大同小异。

全球化引发的财产与人口的世界性流动助推了城市之间的经济竞争。城市忙着引进能够提供工作岗位与确保财政收入的有发展潜力的企业，为确保地区旅游业和区域经济的发展，积极吸引外国游客，开发使当地独特的自然环境达到极致的旅行商品，推行挖掘和保存城市历史的营销战略。另外，为了营造安全、干净、温馨的服务环境，努力改变城市形象，在城市宣传上投入了大量时间与金钱。举办世界杯、电影节、博览会等吸引政治、经济领导人前来参加的国际性活动。这一系列活动使城市努力寻找各自的传统与个性，而不是使全球化中的现代城市朝着曼哈顿化或麦当劳化发展。

为打造绿色城市而进行的努力

城市生活的便利、舒适与悠闲使很多人涌进城市，但也让城市的未来蒙上一层灰色，这是让城市感到头疼的问题。汽车尾气排出的二氧化碳导致地球变暖，城市居民制造的各种生活垃圾处理以及水污染等问题非常严峻。城市里的很多建筑物使用空调，采用照明设施，另外，夜间闪烁的霓虹灯要消耗大量能源。但这些能源可

那不勒斯的垃圾危机

2008年，那不勒斯深受满城垃圾的困扰。2007年，那不勒斯的城市清洁公司停止收集垃圾，整座城市被垃圾与恶臭笼罩。直到德国的汉堡与那不勒斯签订了处理3万吨垃圾的合同，这场巨大的垃圾危机才宣告结束

能很快就会枯竭。

　　试图解决这些城市问题的方法是努力打造绿色城市。绿色城市谋求与自然生态系统共存，减少环境污染。

　　巴西南部城市库里蒂巴是世界闻名的绿色城市之一。这座城市被评为"当前地球上环境最好的城市"，在第二次世界大战以后发展成为制造业与服务业的中心，人口剧

增与无序开发曾导致了严重的环境污染。20世纪70年代，该城市致力于打造绿色城市。这项工作由当时的建筑师、后来担任市长与州长的杰米·雷勒推行。

首先，将城市主要干线中的一条打造为步行道路。当时很多司机反对这项决定，并在道路上举行大规模的游行示威，市长在他们计划示威的当天，在马路上举办了儿童写生大会，从而使示威泡汤。三轴道路系统、中央专用车道、圆筒形公交车站、三车厢的大型公交车的完美换乘系统，提高了城市公共交通的利用率。公共交通便利，人们自然减少了开车，大气污染也随之得到改善。库里蒂巴成功的公交车系统对世界其他各国的城市产生了重要影响。韩国首尔的中央车道制度与公交车换乘系统都深受库里蒂巴的影响。

为了打造绿色城市，城市内部需要营造自然亲和的生态环境。库里蒂巴在修建建筑物时，要求必须留出一定面积的空间用于种植树木，在洪水频发的河川周围建造湖泊与公园，确保绿地空间。人均绿地占有面积为50平方米。绿地在防治洪水方面也起到了颇为重要的作用。

库里蒂巴解决垃圾问题的方法也很特别。搜集一定量的垃圾可以兑换一定的生活必需品。收集的垃圾在再生工厂中得到有效处理。

库里蒂巴的绿色城市化建设获得了成功，但库里蒂

库里蒂巴的绿荫与公交车换乘系统

绿色城市库里蒂巴（左侧）在修建建筑物时，要求种植一定面积的树木。库里蒂巴的三轴道路系统与公交车换乘系统（右侧）成为世界很多城市的研究对象

巴是一座人口超过180万的大城市，汽车不断增加，公交车专用路线的乘客运输量也承受了巨大压力，城市沿着道路干线向外延伸。贫民问题也依然存在。如何通过生态环保型举措克服发展的压力，是库里蒂巴以后要解决的问题。

在世界各地，还出现了使用替代能源的能源自给城市。人口约50万的瑞典港口城市哥德堡使用沼气供暖。在哥德堡，人们把在处理人与牲畜排泄物的过程中产生的沼气当作燃料加以使用，还灵活利用垃圾燃烧产生的废热，甚至还开发使用木材获得电力与热的新技术。通过这些方式，哥德堡将城市供暖体系中使用的石油量降到了1%以下。

哥德堡在继续推行2050计划。该计划预计到2020年，将沼气的比重提高到50%，到2050年，达到100%。除了哥德堡，德国的弗莱堡致力于使用太阳能，美国路易斯安那州波克城是利用地热的著名城市。

对未来城市的想象

公元前3500年左右出现在地球上的，至今已经有5 500多年历史的城市未来将会是怎样的呢？预计在短期内，人口还会向城市聚集。特别是中国、印度和东南亚的城市预计将会得到更加明显的发展。城市促进了人类的集体学习与革新，以后还会在技术革新、艺术发展、娱乐节目方面带来质的飞跃，城市空间还会得到进一步发展。

我们想象城市未来的时候，首先要考虑的是现在仍在不断发展的数字技术与网络技术。将这两种技术移植到城市中，可以确保提高市民的安全与生活质量，极大提高能源的使用效率，其中一项是通过物联网相连的智慧城市。我们现在可以寻找到智慧城市的一部分踪影。大众交通到达预报系统等便是其中典型的例子。通过摄像头可以搜集各种信息，然后将其用于政策构想，设置了传感器的路灯或垃圾桶可以更有效地使用能源。城市所有的基础设施通过网络连接，给市民提供即时信息。

即将出现的无人驾驶汽车或机器人汽车通过卫星定位系统或城市移动网络，可以运行得更安全、更快速。现在还在限制使用的无人机一旦被用于商业化，将会使快递运输方式获得多样的变化。说不定专用办公室也会像汽车一样在道路上疾驰。随着数字技术的发展，城市将发生怎样的变化，可能会超出我们的想象。

但摄像头数据与网络信息收集等与所谓大数据相关，可能会造成个人信息泄露或企业与国家机构的数据造假，所以我们对未来智慧城市并不是只有乐观的看法。

思考未来城市时，我们也要考虑到气候变化对未来城市产生的影响。全球气候变暖造成海平面上升，世界上很多沿海城市面临着生存危险。美国休斯敦、迈阿密等城市，印度及东南亚的很多城市，以及中国东部或日本的城市都面临同样的危险。

洪水、地震及海啸的强度越来越大，也威胁着人口密集、高楼林立的城市。东京等大城市在面临地震灾害时尤其如此，所有的城市系统都与电力或煤气相连，一旦发生

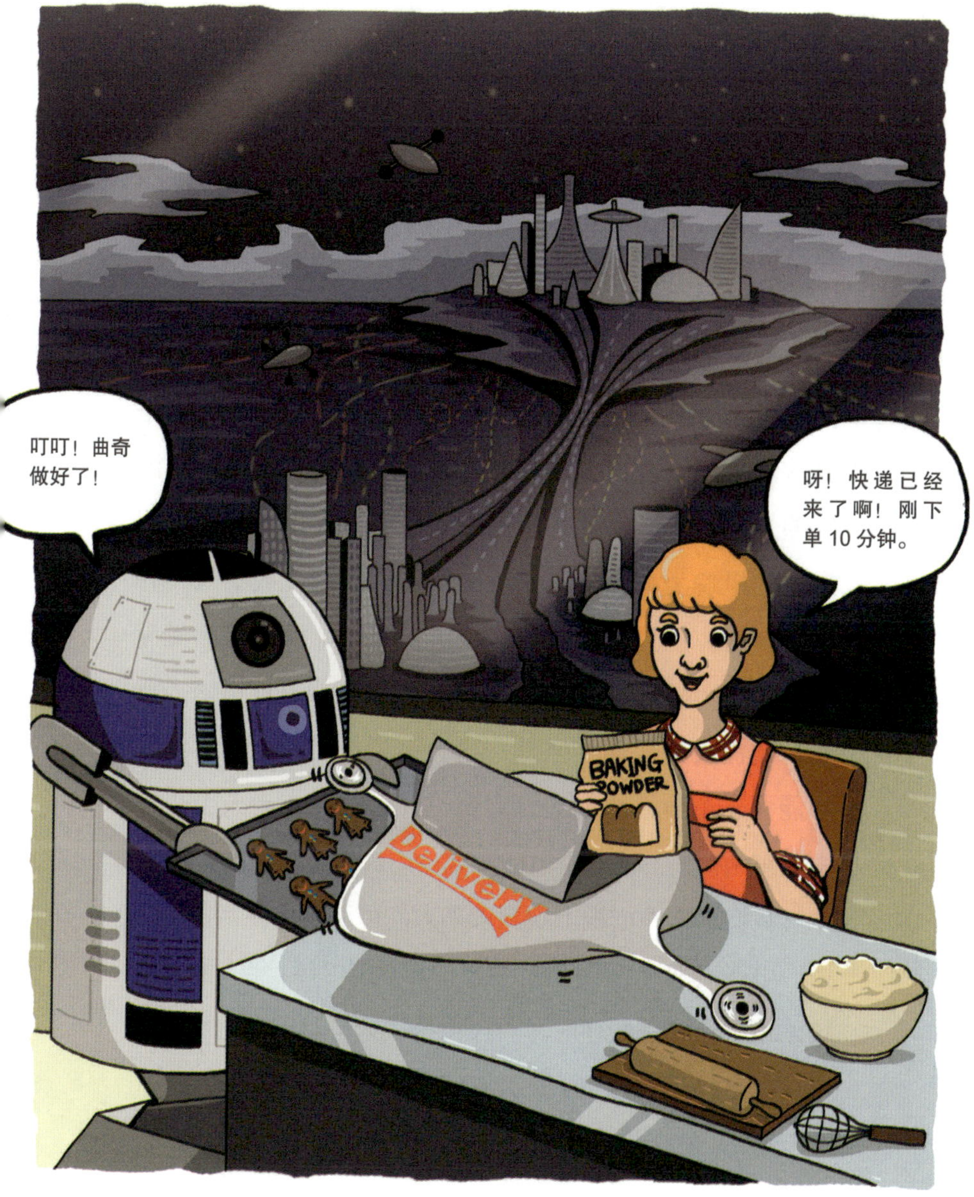
叮叮！曲奇做好了！
呀！快递已经来了啊！刚下单10分钟。
BAKING POWDER
Delivery

自然灾害，连城市居民的基本生活都难以保障。一些大城市也在不停地沙漠化。过去曾经发生过城市因无法避免沙漠化而被黄沙覆盖的情况。如果不能建立有效应对自然灾害的安全体系，就无法保障城市能维持像今天一样的繁荣。

也许以后还会出现海底城市。海底城市不仅可以避免海平面上升、地震及海啸等自然灾害，而且可以利用海洋中无穷无尽的资源。"海洋螺旋"（Ocean Spiral）是日本清水建设公司提出的海底城市模型。它利用海洋温度差发电，将海水进行淡化处理后变成饮用水，还利用海底的甲烷生成菌将海床上的二氧化碳转化成甲烷，并用作燃料。但为了建设海底城市，需要开发能够承受深海3 000米的巨大压力的新材料。目前还没有能够潜入海底如此深度的潜艇。但是，我们要记住，人类集体学习的能力、革命性的创造力实现了曾经只存在于人类想象中的东西。

我们经常在电视上看到未来人们可以生活在宇宙空间中。电影《极乐空间》的主要内容就是2154年，由于人口剧增导致严重的环境污染与食物供给不足，在地球上生活变得危险，当时1%的上流阶层到宇宙城市中生活。其余99%的人只能生活在污染严重、疾病盛行的地球上。极乐空间是像人造卫星一样的城市，是绿色的、高科技的

海洋螺旋

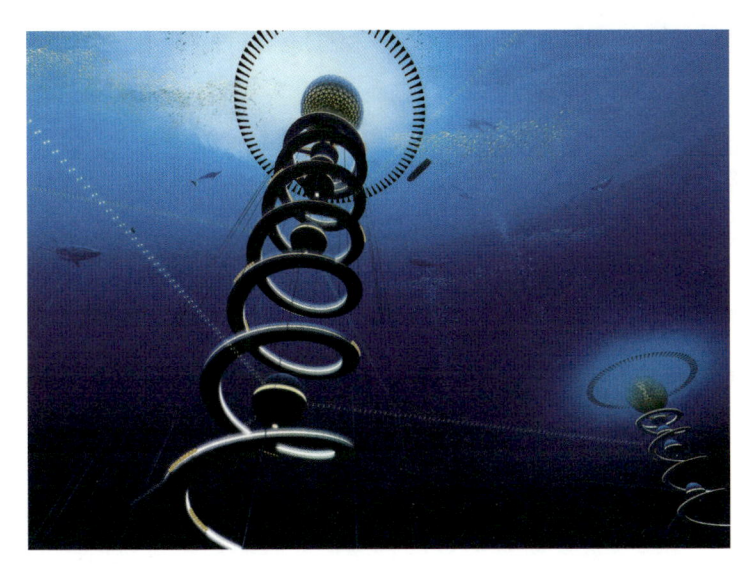

从海平面深入海底 3 000～4 000 米深的螺旋状的人类想象中的建筑物

城市，由先进的机器人提供治安等所有服务。在极乐空间中，每家还有一种只要扫描一下就可以治疗所有疾病的医疗设备，这一点尤其让人印象深刻。

可能将来我们真的能够像极乐空间一样，在距离地球较近的宇宙空间中建造城市，离开地球，前往其他行星。人类计划 2030 年将人送往火星，看来我们可以期待以后生活在宇宙城市中。

拓展阅读

纽约市与哈勒姆

　　定居在哈得孙河口的荷兰人的首任总督彼得·米纽特，从当地勒纳佩人手中用 24 美元购买了曼哈顿岛，并在岛上修建了名为"新阿姆斯特丹"的要塞，但很快该岛被英国人占领，并将其改名为纽约。美国独立战争期间，该城市过激的自由主义者赶走了英国人，后组建议会，华盛顿在这里设立了司令部，这里起到了革命中心的作用。美国独立后，美国总统华盛顿在华尔街旁边的住宅中办公，纽约成为人口超过 3 万的美国最大城市。首都后来迁到华盛顿，但 1792 年，世界最大的股票交易所在华尔街建立以后，纽约至今仍是世界最著名的金融中心。

　　在工业化时代，纽约通过运河与大西洋、圣劳伦斯湾航路相连，这一得天独厚的优势使纽约发展

纽约时代广场

每天约有 300 万人往来的著名广场,是音乐剧与电影产业的中心

成为超大型城市。当时的纽约还成为吸纳各地移民的门户。前来寻找工作的意大利、塞尔维亚、匈牙利、希腊、波兰等各国工人乘坐大型客轮涌向纽约,巨大的移民浪潮使19世纪末的纽约人口超过300万,摩天大楼的修建使纽约成为一座垂直的城市。但城市并不能满足所有移民的愿望,置身于极端生存条

件的他们，可能成为一名学者或企业家，但大部分人的生活与骗子和夜晚关联。

现代都市纽约仍是美国制造业的中心，但在所谓"创意产业"的各个领域仍能不断创造新的财富，保持城市的发展活力。除了世界金融中心华尔街之外，这里音乐与电影产业发达，时代广场、时尚中心、广告业中心麦迪逊等多种文化产业以特定地区为中心分割空间，共同发展。茱莉亚学院的音乐举世闻名，普瑞特艺术学院的设计专业也非常有名。纽约仍是全世界人都向往的城市。

位于曼哈顿岛北部的哈勒姆拥有独特的位置。最初建造该城市的荷兰人将这里打造成为防止印第安人与其他欧洲人攻击的防御设施，并将其命名为新哈勒姆。新哈勒姆这个名字是为了纪念抗击西班牙、发生新教徒叛乱的荷兰城市哈勒姆。

自20世纪80年代起，原本是农村的哈勒姆逐渐繁华起来。19世纪后期，曼哈顿北部与南部连接的电车线路建设的消息一经公布，这里便刮起了投

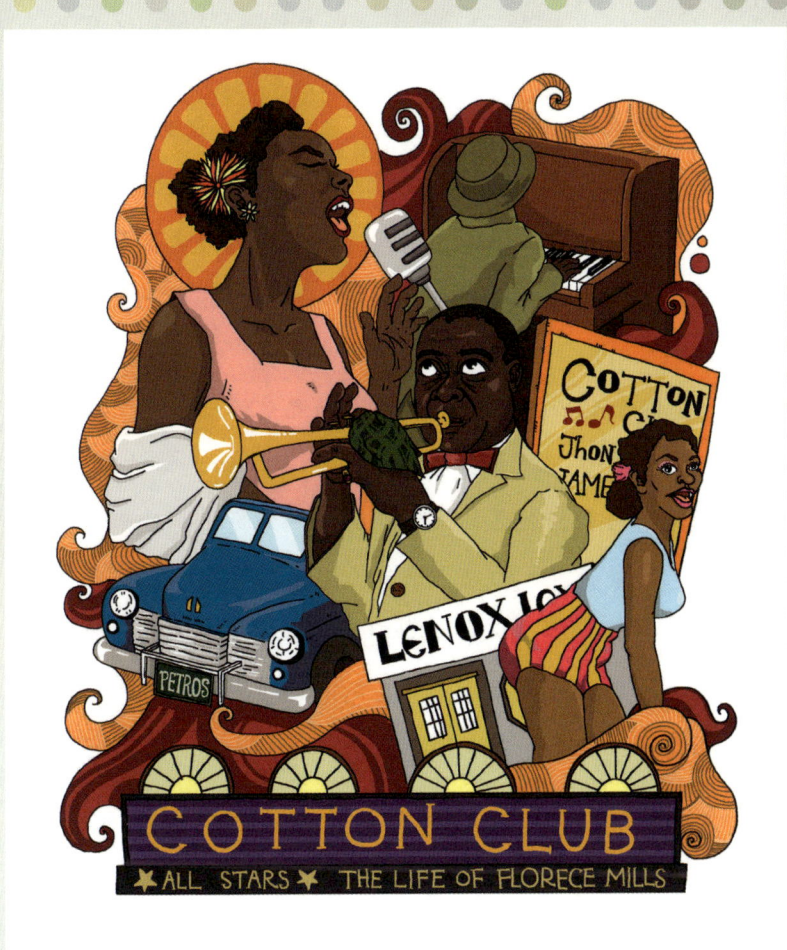

资房地产的热潮，建设了应对南部地区投资者的豪华公寓。但由于经济不景气及地铁路线扩张等原因，哈勒姆地区的房价暴跌。在这种情况下，房子被租给黑人，这造成了当时美国全境的黑人移居到哈勒

姆。黑人逐渐控制了建筑物，白人则搬离该地区。第一次世界大战爆发，大量欧洲移民回到故乡，北部工厂的劳动力不足，因而发生了美国历史上最大的黑人从南部向北部的迁移潮。于是，这里完全成了黑人的天下。

但哈勒姆并不是一座贫困和混乱的城市。黑人艺术家在这里发展了黑人特有的音乐和文学作品，掀起了哈勒姆地区的文艺复兴。一到晚上，数千名白人沉浸在黑人的爵士乐中，享受新的流行。20世纪60年代，美国人权运动时期，这里还是以著名的人权运动家马尔科姆·艾克斯为首的黑人宗教领袖与政治领导者的活动中心。

拓展阅读

城市名片

　　位于阿拉伯联合酋长国的迪拜是一座典型的现代城市。这里没有历史遗迹，不具备工业城市所拥有的制造业基础，也没有可以成为物流枢纽的港口。但进入20世纪以来，这里却具备了印度及中东其他城市所不具备的现代动力，形成了自由贸易的氛围，成长为一座金融与企业家青睐的商业城市。

　　一说到迪拜，大家首先会想到什么呢？可能会是世界上最高的哈利法塔。电影《碟中谍4》的主人公爬上哈利法塔的场面让看过的人对该建筑及迪拜记忆深刻。能将一座城市与另一座城市区分开来，也能够将一座城市打造得比别的城市更具魅力的形象被称为城市名片。迪拜的城市名片就是哈利法塔。全球化、交通的发展、财富的增加以及人们对于休闲生活

哈利法塔

当今世界上最高的建筑，是迪拜的地标

的欲望促进了城市之间的竞争。各座城市为了吸引世界各国的游客，努力使城市名片的效果达到最大化，以便吸引别人到自己的城市来。最常见的是开发历史遗迹，吸引游客。但仅靠这些不足以打开游客的钱包。要想积累财富，就需要打造能让游客打开钱包的项目。

位于意大利北部的米兰也是具有全球竞争力的城市之一。米兰历史悠久，君士坦丁大帝颁布的承认基督教的敕令就是《米兰敕令》。该城市代表性的历史遗迹是哥特风格的米兰大教堂。列奥纳多·达·芬奇曾在该城市活动，这里可以找到他的痕迹。

但是，把米兰打造成世界城市的原因另有所在。米兰的城市名片是什么呢？那就是世界三大时尚秀之一在米兰。这里还是世界名牌普拉达的服装设计中心。世界著名的时装设计师、模特儿、时尚杂志相关的从业者在这里活动，主导世界时尚产业。游客在蒙特拿破仑大街一边欣赏时尚秀，一边在名牌商店购物。这是将米兰与其他城市区分开来的城市名片。鲜明、强烈的城市名片就是成功的现代城市的特征。

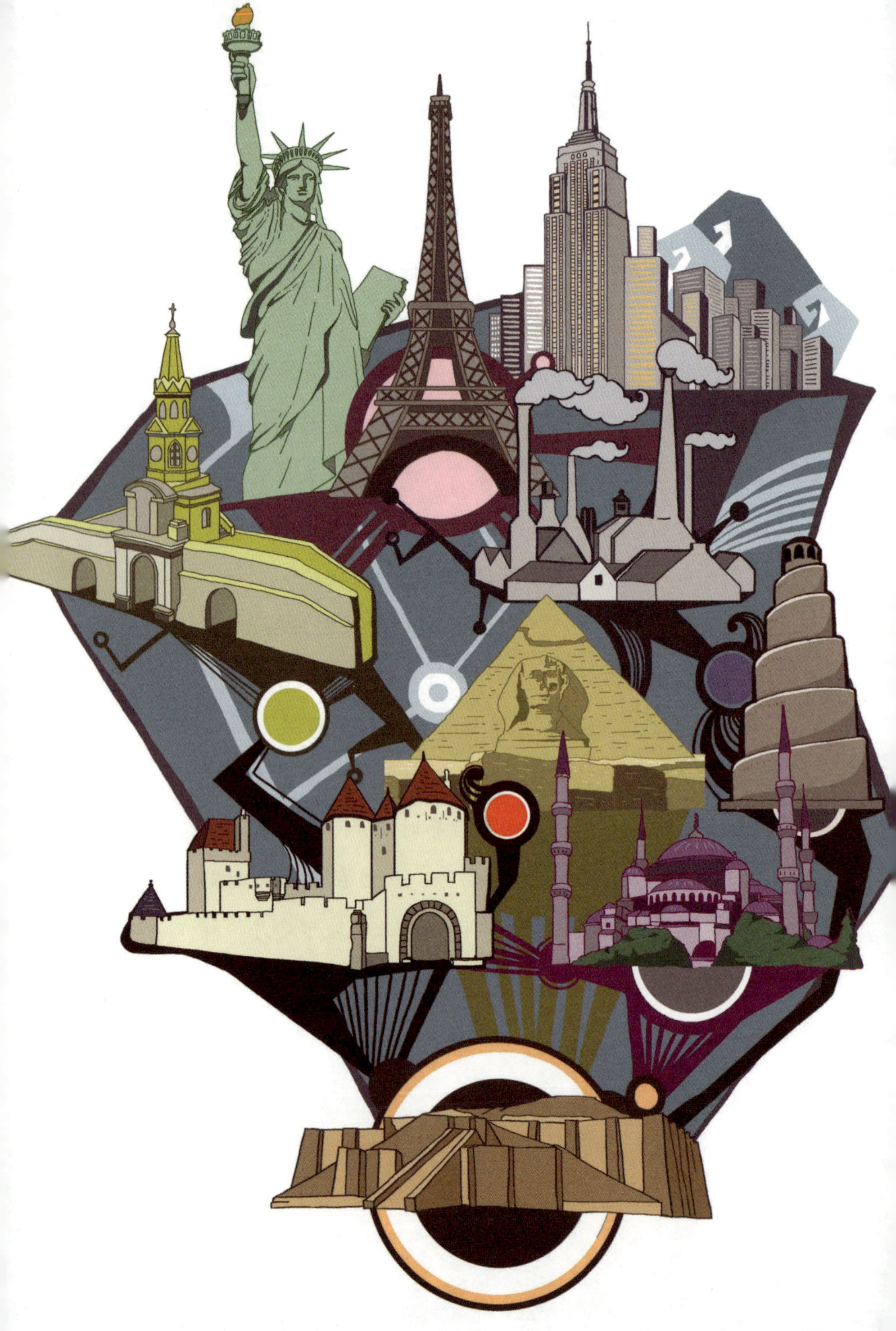

从大历史的观点看"国家和城市"

读完这本书,再联想一下书名《国家和城市发展的原动力是什么》,大家可能会感到奇怪,从最早的城市到现在,所有的城市看起来似乎都不一样,可能会觉得与国家有关的内容不够。其实,城市在地球上首次出现后不久就发展成了国家的形态。城市本身是政治、经济、军事的综合运营单位,是与城市周边的农村地区交融的权力主体。西方将其称为城邦,东方则将其称为城市国家。

这些城邦之间密切关联,经过联合、统合、吸收、征服的过程,发展成为控制更多地区的国家。在该过程中,不仅领土扩张、人口增加,而且城市的体量增加,变得更加复杂多样,质上也得到了提高。因此,国家需要建立一个比城市更复杂的官僚体系、更成熟的税收体系与军队动员体系,也要有更详细、系统的法律制度。当这些国家与周边国家发生战争时，就形成了多个民族与国家组成的帝国。

从理论上来看，城市经历了到国家、帝国的发展过程，但实际在历史划分上没有这么明显。美索不达米亚的城市本身就是一个国家，只是它们都属于阿卡德王国。因此，后来国家的历史其实是帝国的历史。帝国的历史在"万物大历史"系列丛书之一《帝国是怎么产生并消失的》中有详细介绍。

封建国家的城市不属于国王和国家，而是根据领主的意志独立运行的体系。正如"商业城市"一章最后一部分所提到的，法国的城市其实是英国国王统治的领土，领主向谁效忠，决定其是英王还是法王的臣子。因此，纳税的对象也不一样。城市的独立性在早期近代国家形成后消失了。这里所说的早期近代国家指的是国王在特定地区拥有压倒性权力的国家，城市也必须服从国王的意志。从那时起，城市成为包括在国家内的一个小单位。城市与国民都将国家当成命运共同体。

在复杂性与相互关联性高度发达的今天，国家与城市的关系经历了新的变化。交通、通信的发达与自由贸易的扩展不受国家控制，城市与城市之间的信息、资本和商品交换成为可能。现在的城市不再是国家内的城市，而是城市本身存在于世界这一巨大的空间中。今后国家的界限将会越来越模糊,城市在全球化趋势中,与世界其他城市进行经济和文化交流,也进行政治协商。也就是说,城市可以像一个政治单位——国家一样存在。

如果说帝国主义时代是国家之间的竞争,那么我们生活的这个时代不是国家之间的竞争,而是城市之间的竞争。在"全球化中的地区化"的趋势中,各城市为了生存下来,努力打造自己的城市名片。城市的过去与现在被描述为一个故事,吸引游客,引导企业投资,使城市变得更加富裕。绿色城市、适合创业的城市、人们想再去一次的城市等名片,都体现了人们改善城市形象的努力。

不管国家和城市之间的关系如何变化,城市都位于国家的中心,城市繁荣发展,国家就会变得富裕强大。因为国家由城市与农村组成,即便是大国也不过是由城市与周边的农村组成的。从这一层面上来看,本书以城市为中心讲述了从最早的城市到现代城市的发展历程,也考察了在城市发展过程中引人注目的国家的形象。

那么,国家和城市发展的原动力是什么?随着历史不断发展,城市变得越来越复杂多样,其中的相互关系已经超越了我们的想象。正如我们前面所看到的一样,城市是创造财富与知识的地方,也是充满自由与创造力的地方。在这里,很多人与信息融合,实现革新,克服人类社会的各种障碍,创造新的文化,将集体学习最大化。我们从大历史的观点考察城市的产生与发展的理由是，城市是最适合人类有效地进行集体学习的空间。

之前出版的大部分有关城市历史的书都是以几座城市为中心讲述其随着时间的推移而产生的变化。在这本书中，我们从大历史的观点考察了不同历史时期出现的城市的形态、主体与个性，努力将其作为一个故事来加以理解。但我们的努力仍然不足，特别是为了正确理解城市的历史，不仅需要人文学和社会学的考察，还需要技术上的考察，但本书在这一点上还有些不足。

在"工业城市"一章中，虽然提到了上水道和下水道等内容，但当一座城市发展成为 20 万人以上的城市时，一定会有供这么多人在一个限定的空间中生活的技术发展。没有人类生活必需的上下水等社会基础设施的发展，就不会有城市持续的发展。此外，消防、治安、建筑技术的发展，也是城市历史中不能忽略的部分。

当然，这并不是说造成人口集中的政治、经济和文化背景不重要。目前，从城市工程和技术史的层面对城市进行的研究很少。如果读者中有对此感兴趣的，希望你们成为城市研究专家，填补我们这本书的空白。

刘银圭　李春山
2015 年 6 月